体育类专业系列教材

跆拳道

TAIQUANDAO

融媒体版

主　编：郭宇亮

副主编：田　峰　张雪鹏　黄　涛　陈　筑

北京师范大学出版集团
BEIJING NORMAL UNIVERSITY PUBLISHING GROUP
北京师范大学出版社

图书在版编目(CIP)数据

跆拳道/郭宇亮主编. —北京：北京师范大学出版社，2021.7
(2025.12 重印)
(体育类专业系列教材)
ISBN 978-7-303-26168-0

Ⅰ. ①跆… Ⅱ. ①郭… Ⅲ. ①跆拳道—高等学校—教材
Ⅳ. ①G886.9

中国版本图书馆 CIP 数据核字(2020)第 144756 号

出版发行：北京师范大学出版社 https://www.bnupg.com
北京市西城区新街口外大街 12-3 号
邮政编码：100088
印　　刷：河北虎彩印刷有限公司
经　　销：全国新华书店
开　　本：787 mm×1092 mm　1/16
印　　张：14.5
字　　数：350 千字
版　　次：2021 年 7 月第 1 版
印　　次：2025 年 12 月第 5 次印刷
定　　价：35.80 元

策划编辑：王云英　陈　俊　　　责任编辑：贾理智
美术编辑：焦　丽　　　　　　　装帧设计：焦　丽
责任校对：陈　民　　　　　　　责任印制：赵　龙

西南区体育教材教法研究会

西南区体育教材教法研究会系列教材编审委员会

丛书总序

20世纪初，南京高等师范学校和北京高等师范学校相继成立了体育专修科，标志着我国现代高等体育教育制度的确立。同期，首批体育教材与学术著作随之出现。经过百余年发展，我国高等体育教育已经形成较完整的体系，高等体育教材也不断地丰富与完善。为了适应当前高等体育教学的新形势与新要求，西南区体育教材教法研究会组织编写了本套教材，以期进一步推动高校体育教学与科研。

西南区体育教材教法研究会成立于2007年，十几年来陆续组织出版体育类专业教材60余种，在高校体育教育领域有较大的影响力，对提高体育专业教学质量起到了积极的作用。本套教材由西南区体育教材教法研究会牵头和组织，由一批教材编写经验丰富的体育专家、教学经验丰富的骨干教师，以及有热情、精于现代教育技术的青年教师共同编写而成。

本套教材主要特点如下：

第一，架构呈现科学性与系统性。本套教材的编写严格按照《普通高等学校本科专业类教学质量国家标准》《全国普通高等学校体育教育本科专业课程方案》《普通高等学校体育教育本科专业各类主干课程教学指导纲要》等文件的相关要求，以“致力于立德树人、致力于教书育人、致力于提升内涵”为主要目标，依据专业课程体系，整体架构科学合理，内容系统全面。

第二，内容体现专业性与前瞻性。在专业基础课程、专业方向课程、专业拓展课程教材的编写过程中，坚持“厚基础、强素质，重实用、强能力”的原则，遵循体育运动的基本规律，强调将专业知识和技能应用于专业实践，将学科研究新进展、实践发展新经验、社会需求新变化及时纳入教材。

第三，教材突出实用性与区域性。遵循专业课程体系“7＋3＋X”模式建设的同时，在“X”专业课程教材的建设上，以本地区教育教学的特点为基础，坚持原则性与灵活性相统一，发挥区域高校的各自优势。结合西南区高校的特点，系列教材在普遍性的基础上，融入区域高校发展、彰显区域高校体育的特色，将区域性体育研究成果进行创新，更加符合教学实际和实践。

第四，资源呈现丰富性与立体化。为了适应“互联网+”和信息技术发展的新要求，本套教材切实将融合媒体与纸质图书相结合，深度开发数字资源，教材配套示范视频、讲解微课、电子课件、电子教案等丰富的数字资源，利用“京师E课”教学平台，学生可以轻松获取与教材配套的融合媒体资源，教师可以登录平台下载与教学相关的教学资源，同时实现在线测评。传统教材与互联网有机融合，能够有效解决授课教师资源不足、学生拓展资源有限等问题，相对于传统纸质教材，配套数字资源具有丰富性与立体化的特点。

本套教材凝聚着诸多高校体育教师的心血，希望本套教材能够为高校体育教与学提供参照。书中难免疏漏，敬请各位读者批评指正。

是为序。

西南区体育教材教法研究会

2020年9月

前　　言

《跆拳道》是体育教育专业课程教材之一。本教材作为学生用书，是由西南（云、贵、川、渝）高校体育教材教法研究会《跆拳道》教材编写组根据西南四省市高等师范体育院（系）本科教学计划、培养目标和跆拳道课程教学大纲规定的具体教学任务、教学时数、教学内容及考核要求分工撰写和串编完成的。本教材在云、贵、川、渝四省市因地制宜、因材施教的基础上，总结了其学生生源情况以及各体育院校该门课程教学实践经验，继承了前期出版教材的优点，重点吸收了国内外跆拳道运动发展中的先进理论与实践内容。

本教材以习近平新时代中国特色社会主义思想为指导，着眼于新世纪培养体育专门人才的实际需要，坚持继承与创新、改革与发展；坚持实事求是，从本科教学实际出发；突出教学性、实践性、科学性、时代性，力求从教材体系和专业发展、教学内容、教学手段与方法掌握上进行改进、提炼和拓展，以使教学对象能适应未来社会的需要。

本教材由郭宇亮主编，田峰、张雪鹏、黄涛、陈筑为副主编。参加编写的人员还有唐溢、高杨、陈璐、王江萍、尹天营等（排名不分先后）。主审由汪爱平教授完成。

作为北京师范大学出版社西南四省市高校体育教材教法研究会策划出版的系列教程之一，本教材的编写得到了各方面的鼓励和支持，得到了多名专家的指导，出版社的相关编辑人员也为此付出了艰辛的劳动，在此，我们一并表示衷心的感谢。由于时间紧迫，编写仓促，对于在本教材中未一一标明的被引用者的姓名和论著，我们在此表示歉意，并同样表示感谢！

我们真诚地希望广大师生和专家对本教材提出宝贵意见，以便我们今后对教材进行修订，加以完善和提高。

目　　录

第一章

跆拳道概述

本章要点

本章共五节，主要介绍了跆拳道运动的起源与发展，对跆拳道运动的精神与礼仪、特点与作用分别进行了阐述，并就跆拳道级位与段位、跆拳道舞等做了简单介绍。

本章重点与难点

重点：跆拳道运动的起源与发展。

难点：跆拳道精神与礼仪的内涵。

现代跆拳道的前身是朝鲜民族民间的各种技击术：如手搏、跆跟、跆肩、角抵、托肩、摔跤、手臂打、拳白、唐手、打击等。但是古代朝鲜半岛典籍中并无跆拳道一词。跆拳道这一名称是在20世纪50年代由现代跆拳道的创始人整合了朝鲜半岛的各种技击术名称而最终确定的。

跆拳道是一项以手脚为进攻武器，以技击格斗为核心，以修身养性为基础，以磨炼人的意志、振奋人的精神为目的的对抗性的现代竞技体育运动。跆拳道中的“跆”意思是脚踢；“拳”指用拳头或上肢去击打；“道”是指方法、技艺和道理。传统的跆拳道包括品势、器械、擒拿、摔锁、对练等。

今天的跆拳道可分为传统跆拳道和现代竞技跆拳道两大类。传统的跆拳道主要包括品势、搏击、功力检测三部分。现代竞技跆拳道，是在一定规则限制下，双方斗智较力的对抗性体育项目。它吸取了传统跆拳道的精华，进一步突出了跆拳道善用腿法的特点，体现了跆拳道的现代体育属性。

跆拳道在学练中始终要求学员“以礼始、以礼终”，从而将跆拳道与道德文化修养紧密地结合在一起，学员在练习跆拳道的过程中所践行的东方文化与精神具有一定的价值和教育意义。因此，跆拳道成为世界上发展最快的体育项目之一，并成功跻身于奥运会的赛场中。

第一节　跆拳道的起源与发展

一、跆拳道的起源

跆拳道作为一种技击性运动项目，源于朝鲜民族的生产活动中，因受教育、军事等的影响而逐渐精巧化、系统化。人类的生产社会活动奠定了跆拳道的物质基础。

二、古代跆拳道的发展

古代跆拳道的发展大致经历了四个历史阶段，即朝鲜半岛原始社会时期、朝鲜半岛“三国时期”、高丽时期、李氏王朝时期。

众所周知，人类原始社会的生产与生活中有着丰富的原始祭祀活动，包括巫术、图腾崇拜等。在这些活动中，人们通过一些激烈的舞蹈来表达对祖先的崇拜、对天地神灵的敬畏，从而逐渐形成了一种融知识传授、技能培养与训练为一体的综合活动。跆拳道正是形成于朝鲜半岛原始社会的这种原始的祭祀活动中。

在朝鲜半岛原始社会后期，物质生产的不断发展以及私有制的产生造成了社会财富分配的不均，从而引发了原始氏族公社的崩溃及阶级社会的产生。而随之产生的争夺奴隶及领土财富的战争促进了军事格斗技术的发展，其对跆拳道的形成也产生了巨大的影响。

朝鲜半岛的“三国时期”，争夺领土，战乱不断。因此，各国都极为重视武士的技艺，以应对战争的需要，这也为跆拳道的进一步发展和丰富创造了有利的社会条件。其中有一种“便战戏”深受百姓喜爱，被认为是现代跆拳道的原始雏形。

高丽国建立之后，历代国王出于军事需要，都十分重视军队的训练，特别注重兵民的武艺训练。手搏在这一时期取得巨大发展，并逐渐走向成熟。而李氏王朝的建立使朝鲜半岛的封建统治更加完善，经济与文化也得到较好的发展。手搏与跆跟等依然在军队与民众中受到推崇，技艺也得到不断地完善与发展。在李氏王朝后期，出现了后世公认的跆拳道代表作《御定武艺图谱通志》，使跆拳道的历史与发展脉络有了文字及理论的记载。李氏王朝时期也被认为是早期跆拳道体系的重要发展时期。

三、近代跆拳道的发展

朝鲜半岛在近代以来沦为了日本的殖民地，跆拳道的发展受到禁止而转入民间。但是在此期间，一些流浪于世界各地的优秀的练习者将中国武术、日本空手道等世界各国的搏击术与手博和跆跟等糅合在一起，从而使跆拳道的技术体系得到充实和完善。

四、现代跆拳道的发展

日本宣布投降后，跆拳道运动主要在韩国得到了蓬勃发展，跆拳道进入了新的发展时期，各式道馆(场)不断诞生，但缺乏统一规范。它们各自为政，派系众多。崔泓熙、李仲佑、蔡天命等专业人士，基于清除日本殖民主义毒害与影响，振奋民族精神及规范朝鲜民间武艺等理念，将朝鲜古代各流派的自卫术、日本空手道与中国武术相糅合，确立了以技击、品势(套路、架型)、竞赛为特点的现代跆拳道。

1955 年，韩国的武术家、体育家、教育家以及高级军官们经过热烈讨论，认为这种面目一新的朝鲜民族武艺，不仅是一种搏击术，更是一种精神修炼，能磨炼“坚韧不拔”“百折不挠”的意志，培养“礼义廉耻”“谦逊宽容”的品质。他们最终将其定名为“跆拳道”。1961 年，韩国跆拳道协会成立。

20 世纪 60 年代，韩国受日本在海外推广柔道并最终使其成为奥运会项目的启发，也开始进行跆拳道的海外推广。目前世界上有 170 多个国家和地区约 7000 万人在学练跆拳道。1966 年，第一个国际性跆拳道组织——国际跆拳道联合会(ITF)在韩国成立。1972 年韩国跆拳道中央道场成立了“国技院”，由此跆拳道进入了快速发展的新时期。1973 年，世界跆拳道联盟(WTF)成立，竞技跆拳道开始快速发展。1994 年，法国巴黎召开的国际奥林匹克大会在决议中将跆拳道列为 2000 年悉尼奥运会正式比赛项目。

目前，世界上有两大跆拳道组织，一个是世界跆拳道联盟(WTF)，一个是国际跆拳道联盟(ITF)。世界跆拳道联盟是得到奥委会承认的机构。它倡导以竞技为主，以品势为辅的符合现代奥林匹克精神的现代竞技跆拳道技术体系。而国际跆拳道联盟是一个非官方的国际民间组织，遵从于传统跆拳道的形式与内涵和以品势修炼为主、竞技实战为辅的传统技术体系。这两大跆拳道组织在跆拳道推广普及的工作中都做出了重大的贡献。

我国在 1992 年成立了中国跆拳道协会筹备小组。1994 年 5 月，在河北正定举办了首届全国跆拳道教练员和裁判员学习班。同年 9 月，在云南昆明举办了第一届全国跆拳道比赛。1995 年 5 月，在北京体育大学举办了第一届全国跆拳道锦标赛，这是跆拳道被列入国家统一竞赛体系后的第一次全国性赛事。1995 年 8 月，中国跆拳道协会正式成立。

跆拳道运动在我国开展以来，通过广大教练员、运动员、科研人员的不懈努力，我国跆拳道的整体水平有了巨大的提高，取得了辉煌的成绩。随着我国跆拳道运动的开展与普及，跆拳道运动的科研与训练也在不断完善和发展。

第二节　跆拳道的精神与礼仪

一、跆拳道的精神

现代跆拳道是在对古代朝鲜半岛各类武艺进行继承、弘扬、革新、发展的基础上产生的，其不仅对技术体系进行了糅合与扬弃，也对古代朝鲜半岛各类武艺所承载的文化精神有新的阐释。

现代跆拳道的精神包括礼仪、廉耻、忍让、克己、百折不屈五大方面。要求学员要从开始学练时的点滴小事做起，进而在跆拳道习练的整个过程中及全部的生活中去悉心领悟与实践这五种精神。

礼仪：现代跆拳道认为礼仪是人类要遵守的最高规范，是教化人类的手段，是群体生活必需的法规。

廉耻：要求学员应学会分辨是非，知耻而后勇。

忍让：强调忍即是德。忍让是人生事业与家庭生活成功的重要方法。

克己：现代跆拳道认为：胜人者力，自胜者强。不论道场内外，克制自己是重要的生活智慧。

百折不屈：要求习练跆拳道的学员应该意志坚强，无论受到多少挫折都不屈服、不动摇。

由于现代跆拳道的五大精神均源于中国的儒家思想，因此学员在学习跆拳道的过程中应注意对儒家著作进行阅读。学员在跆拳道学练中对跆拳道五大精神的实践，最终将为学员在人生中实践五大精神打下坚实的基础。

二、跆拳道的礼仪

跆拳道习练中的礼仪是实践跆拳道精神的重要手段。学员只有在激烈的比赛中、在失败的痛苦中、在胜利的喜悦中发自内心的遵守与实践各项礼仪，才能体验到跆拳道的核心精神。而在跆拳道中这些精神对个人人格的锻造也终将迁移到学员今后的生活、事业中去。由此，教师在教学中尤其要注意对学员的礼仪培养，教师要时刻以身作则，表里如一，给学生以良好的身教。

跆拳道的礼仪礼节在形式上分为“站立礼”和“坐礼”；在使用上可分为道场礼节、比赛礼节和训练礼节。

(一)站立礼

1. 道场礼节

立正时，两脚并拢，脚尖正对前方，挺胸、抬头、平视、收腹，五指并拢，自然贴于大腿外侧中间。表情应谦恭、端庄、大方自然，嘴唇微启，不露牙齿。(图 1-2-1)

图 1-2-1

图 1-2-2

在跨立站时，两脚分开约与肩宽，两脚尖外展约 30 度，两手后背，右手握拳，左手握住右手腕并置于腰部，两眼平视，神态同立正。(图 1-2-2)

施礼时，身体成立正姿势，身体前倾 15 度，头部前屈 45 度，两手贴紧两腿外侧，停顿 1～2 秒，然后还原成立正姿势。需要注意的是，在对国旗敬礼时身体应立正，右手手掌置于左胸前，目视国旗约 3 秒，应神态庄严，嘴唇微启，不露牙齿。(图 1-2-3)

图 1-2-3

2. 比赛时的礼节

比赛开始前当运动员进入场地，主裁判会下达“立正”“敬礼”的口令，双方运动员这时应先向裁判员和教练员敬礼，然后再相互敬礼；当主裁判下达“准备”“开始”口令后，方可开始比赛。（图 1-2-4）

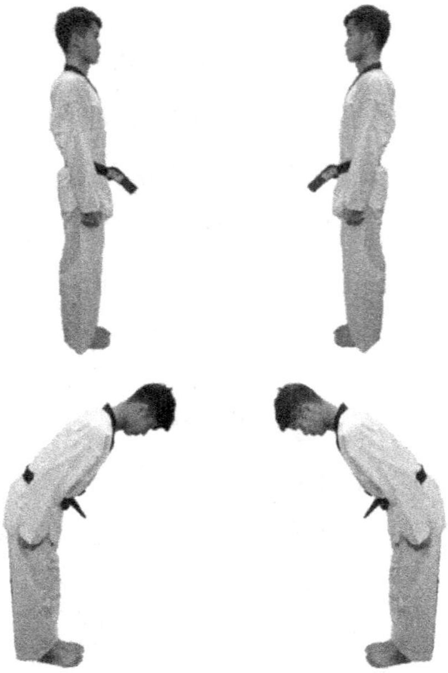

图 1-2-4

比赛结束时双方运动员在各自的位置站好，当主裁判发出“立正”“敬礼”的口令后双方敬礼，然后面对裁判长席等待宣布比赛结果。结果宣布后，向裁判长、场上裁判员、对方教练员、观众敬礼，本场比赛结束。

在团体赛、集体表演等活动中，出场敬礼礼节次序相同。

3. 训练时的礼节

（1）练习者进入道馆训练必须身着道服，仪表整洁，神态谦恭，要有互相学习、共同提高的心态。

（2）进入道馆应首先立正，向国旗敬礼、然后向老师敬礼。

（3）两人一组进行训练时，要在开始前与结束后相互敬礼。

（4）训练中有事请假，要先向老师敬礼，然后再说明情况。

（5）训练中服装与护具脱落，应背对国旗和老师，待整理好后再进行训练。

（6）训练结束后，整队集合，应首先向国旗敬礼，然后向老师敬礼，离开道馆时，再次向国旗和老师敬礼、道别。

（二）座礼

盘腿坐于地上，两脚交叉，右脚在前。抬头、挺胸、收腹，双手掌心向下，自然置于

或握拳置于双膝上。两肘内收，自然下垂。两眼平视，表情端庄、大方自然，嘴唇微启，不露牙齿。(图 1-2-5)

图 1-2-5

第三节　跆拳道的特点与作用

一、跆拳道的主要特点

(一)腿法为主，以手为辅

“手是两扇门，全凭脚打人”这一中国武术应用中的写照，也同样适用于跆拳道。

跆拳道技术中腿法所占比例为整个跆拳道技术体系的75%左右。跆拳道技击理论认为，人体四肢中腿攻击的距离远，力量远远大于手臂，腿在进攻中可以使头部与躯干最大程度得到保护。因此，腿的攻击要比手的攻击更有效。而跆拳道的竞赛规则也对腿法的使用做了积极的推动作用。如在跆拳道比赛中限制拳法的使用种类与攻击部位，腿法得分的点则较多，由此产生的竞赛规则对擅长拳法的运动员极度不利，从而限制了拳法发展而鼓励了腿法的应用。

(二)技法刚勇凌厉

跆拳道比赛中多以拳、掌、臂进行格挡防守，而很少采用躲闪的方法进行防守。在进攻或反击中，动作多为直线的连续进攻，注重击打效果。另外，跆拳道在比赛中及品势训练中都注重发声助力，培养学员勇猛彪悍的气势。因此跆拳道的技法都表现出刚勇凌厉的特点。

(三)功力测试彰显修炼水平

跆拳道学练者的训练水平如何，需要切实可行的量化指标进行检验。现实中常采用击打木板、砖瓦、石块等物来进行检测，这样可以使学练者的功力水平清晰地展现出来。因此，功力测试就成为跆拳道训练、晋级、表演、比赛的一个重要内容，其彰显了修炼者的水平。

(四)文武兼修，身心并重

跆拳道不仅注重外在的身体训练，更注重内在心智与精神的修炼。跆拳道训练中要求运动员反应灵敏、灵活运用技战术。这些促进了学员身体与心智的成长。同时，跆拳道在艰苦的训练中要求学员“以礼始，以礼终”，这是实践跆拳道五大精神的过程。总之，跆拳道真正实现了文武兼修，身心并重的理念。

二、跆拳道的作用

(一)强身健体、防身自卫

跆拳道训练可以促进人体体能的全面发展，促进人体内外部的良好状态；促进力量、耐力、灵敏、柔韧等运动素质的均衡发展；促进人体器官各机能的提高；同时，技战术的良好应用也对促进了神经系统的灵活性有明显作用。通过跆拳道的学习，学员掌握了一定的格斗技术，提高了应变能力，具有了防身自卫的能力。

(二)培育与实践文化精神

跆拳道学练中不仅培养了学员“礼”的精神，而且由“礼”入手，在艰苦的训练中潜移默化地使学员了解了跆拳道的文化精神，即在训练中体悟礼仪、廉耻、忍让、克己、百折不屈的品格，最终达到在跆拳道习练的整个过程中，在全部的生活中都能领悟与实践跆拳道的文化精神。

(三)休闲娱乐

跆拳道在训练与竞赛中斗智斗勇，表现出的高超技术、凌厉攻势具有较高的观赏性，真正体现了技击的艺术，具有极强的感染力，使人们得到了精神上的享受。

第四节　跆拳道的级位与段位

一、跆拳道的级位

跆拳道使用段位来标示练习者的水平造诣。

初学者的水平造诣使用“级”来标示。一般由10级开始逐渐晋升至1级，然后才能入段。其各级别划分如下：

10级为白带：白色，表示空白，即根本没有跆拳道知识，意味着入门阶段。

9级为白带加黄杠。

8级为黄带：黄色，表示大地，象征着草木在大地生根发芽，意味着学习的基础阶段。

7级为黄带加绿杠。

6级为绿带：绿色，表示草木，象征着成长中的绿色草木，意味着技术的进步阶段。

5级为绿带加蓝杠。

4级为蓝带：蓝色，表示蓝天，象征着草木向着蓝天茁壮成长，意味着进度达到相当高的阶段。

3级为蓝带加红杠。

2级为红带：红色，表示危险，暗示此人已具备相当的威力，意味着克己和警告对手不要接近。

1级为红带加黑杠。

黑带：黑色，表示与白色的对立，显示技术已经熟练，意味着黑暗中也能发挥自身能力。

进入黑带后可称为段。

二、跆拳道的段位

跆拳道进入段位后一律系黑带，黑带的段位是通过黑带上的特殊标记来区分的。从一段到三段是黑带新手的段位，称为Assistant instructor(副师范)；四段至六段是高水平的段位，称之为Instructor(师范)；七段和八段称之为Master(师贤)；九段为最高级，称为

Grand master(师圣)。七段至九段一般授予具有很高学识造诣的杰出人物和对跆拳道运动作出杰出贡献的知名人士。

区别跆拳道的段位还可以看道服和肩章：一段至三段的道服衣边有黑色带条，四段以上道服的衣袖和裤腿两边有黑色带条。道服肩章和腰带上的罗马数字(1～9)也是用来区别段位和级别的。

第五节　跆拳道舞的兴起

跆拳道舞是一种新兴的跆拳道健身项目。它是以跆拳道品势动作与攻防技术为主要元素，以街舞、健美操、啦啦操等舞蹈为辅助元素，同时配以一定的背景音乐编排而成的健身舞，属于跆拳道文化的一个分支。

跆拳道舞属于一种由跆拳道向舞蹈艺术、舞台艺术的延伸项目。在文化内涵方面，跆拳道凸显了文化的包容性与兼容性。在表演形式上，它要求表演过程中的每一个动作都要清晰有力地完成，同时团队的表演必须协调整齐，必须重点突出跆拳道的本质属性，而其他艺术形式则仅仅作为辅助元素或者艺术支撑。因为跆拳道舞是根据选定的音乐把跆拳道基本腿法、拳法、步法巧妙地贯穿起来，所以既可以择取节奏感强烈的电子音乐，也可以选择节奏舒缓的瑜伽音乐，同时还可以二者兼顾。在表演场地上，跆拳道舞几乎不受限制，可以在木地板、水泥地面甚至操场等任何一个你想跳的地方跳起来。

目前，跆拳道舞已经风靡全球。它之所以如此受欢迎，不仅仅因为服装不受约束，还在于不同年龄段、不同体型的练习者可以根据不同的音乐跳不同的跆拳道舞。

思考与练习

1. 试述跆拳道的精神内涵。
2. 跆拳道比赛过程中的礼仪规范有哪些？进入道馆训练时的礼仪规范又有哪些？
3. 简述跆拳道运动的特点与作用。
4. 如何区分跆拳道级位与段位？
5. 怎样理解不同颜色腰带的寓意？

第二章
跆拳道准备活动

本章要点

本章共三节，简单阐述了准备活动的目的与意义，并就跆拳道练习中一般准备活动和专项准备活动的方法和手段进行了详细介绍。

本章重点与难点

重点：跆拳道准备活动的分类。

难点：跆拳道不同准备活动的区别。

第一节　准备活动的重要性

一、准备活动的目的

运动生理学认为，准备活动是在比赛、训练或体育课正式开始之前，为克服内脏生理惰性，缩短进入工作状态时程和预防运动创伤而进行的有目的的身体练习，为即将来临的剧烈运动或比赛做好准备。跆拳道的准备活动包括一般准备活动和专门准备活动。一般准备活动包括慢跑、徒手操、游戏等练习。其目的是使全身肌肉、关节、韧带得到充分的活动，使内脏器官获得一定的活力，为专门准备活动打下良好的基础。专门准备活动多为与身体基本部位密切联系的辅助练习或一些基本技术练习，如步法练习、腿法练习等。其目的是使身体内脏各器官系统机能以及与运动相关的肌肉、关节、韧带等组织获得较好的动员，以充分应对强度激烈的竞赛或训练，预防或减少运动损伤。

二、准备活动的意义

良好的准备活动具有如下重要意义。

(一)有效调整课前或赛前状态

学员或运动员在课前或比赛前生理功能可能尚未处于适宜的状态，而通过准备活动可以提高中枢神经系统的兴奋度，提高大脑反应速度，促进运动中枢间的相互协调，从而调节不良的课前或赛前状态。

(二)克服内脏器官生理惰性

不同的准备活动可以逐步提高心血管系统和呼吸系统的机能，经过一般准备活动及专门准备活动后，人体肺的通气量和心的输血量得到有效增长，心肌和骨骼肌的毛细血管得到有效扩张，运动器官获得更多的氧，从而缩短了肌肉工作状态的时间。

(三)升高体温，提高机体代谢水平

准备活动促进了体温的升高，而体温升高降低了肌肉的黏滞性，提高了肌肉收缩和舒张的速度，从而增加了肌肉的能力；体温的增加可以促进血红蛋白和肌红蛋白释放更多的氧，从而增加了肌肉氧的供应：体温升高可以使身体内酶的活性提高，进而增强物质代谢水平，保证运动中充足的能量供应；体温升高还可以提升中枢神经系统和肌肉组织的兴奋性，使肌肉组织柔韧性增加，有效地预防运动损伤。而体温增加后皮肤血流量的增加也促进了多余热量的发散，有效地预防了比赛中体温的增高。

第二节　一般准备活动的练习

一、热身

热身是指运动或比赛前通过物理活动使体温升高。本节中的热身主要是指通过游戏、

慢跑等来使身体温度得到适宜的提高。通过增加呼吸频率，降低肌肉黏滞性，以达到提高机体代谢的目的，也为下面的关节活动与肌肉拉伸做好准备。

二、活动关节

跆拳道的关节活动一般采用关节操或跆拳道操等徒手操来进行。在关节活动中首先应注意关节操编排的全面性，即使身体各关节都得到适宜的活动，避免片面性。其次，关节操在练习中还应该注意顺序性，如从头到脚或相反，以免在练习中出现某个关节活动被遗漏。最后，关节操在活动中应该注意活动的力度要适中，避免过度震动关节。

三、拉伸肌肉

拉伸肌肉的练习包括可独立进行的牵拉以及需要他人协助完成的牵拉两部分，每次肌肉拉伸的时间一般是10～15分钟。

拉伸肌肉的目的是扩大身体关节部位的活动范围，提高肌肉、韧带的柔韧性，减少运动中肌肉拉伤、肌腱扭伤或因肌肉疲劳而造成的其他损伤的可能性，减轻一般性的肌肉酸痛和痉挛。拉伸肌肉需要注意静力伸展运动的顺序，通常应先从中心部位开始，先拉伸大肌肉群。拉伸顺序应为背部→臀部→大腿后肌群→内收肌群→腓肠肌与踝、脚。通过上述肌群的拉伸可以有效带动身体其他部位的肌群，使全身灵活性得到完美的发挥。而首先拉伸大肌群可以使相对较小肌群的灵活性得到发挥，激起更大的潜能。

四、一般准备活动的练习

（一）头颈部练习

1. 屈振

身体自然直立，头部分别向前、后、左、右屈振。（图 2-2-1）

图 2-2-1

2. 绕环

身体自然直立，头部由前经左、后向右；由前经右、后向左依次旋转 360 度。(图 2-2-2)

图 2-2-2

3. 转头

身体自然直立，头颈保持正直，分别向左、右侧转动至最大幅度，并坚持数秒。(图 2-2-3)

图 2-2-3

(二)上肢练习

1. 肩绕环

身体自然直立，双手上举屈臂，五指并拢向下，自然贴于双肩，以肩关节为轴分别向前、向后旋转数次。(图 2-2-4)

图 2-2-4

2. 手肘关节运动

身体自然直立，两手交叉，掌心相对，十指相扣平伸于胸前，分别由下向内、向上扭转平伸数次。(图 2-2-5)

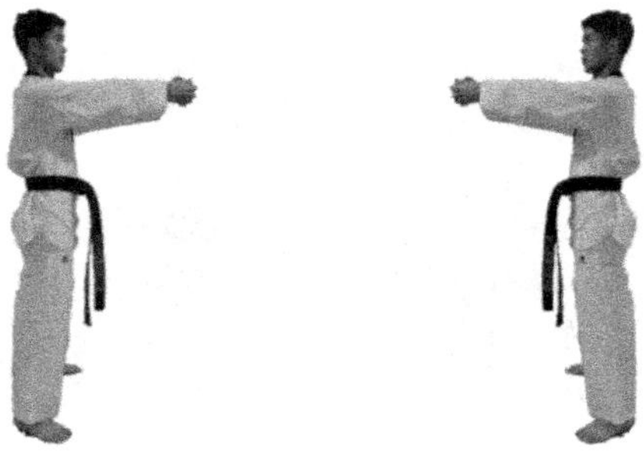

图 2-2-5

3. 伸展

身体自然直立，两手十指相扣，向外翻转，分别向胸前平伸收回、向头顶上方直伸收回数次。(图 2-2-6)

图 2-2-6

(三)腰腹部练习

1. 体转运动

双脚开立与肩同宽，身体自然直立，双臂体前平屈，分别向左、向右转振。(图 2-2-7)

图 2-2-7

2. 俯身转腰

两脚左右开立约两肩宽，双臂伸直，身体前屈，以手触脚，分别向左、右旋转数次。（图 2-2-8）

图 2-2-8

3. 腰绕环

两脚开立与肩同宽，身体自然直立，双手撑住后腰，由前经左、后向右和由前经右、后向左依次旋转 360 度。（图 2-2-9）

图 2-2-9

（四）下肢部练习

1. 双膝屈立

双腿直膝并拢，双手掌微用力压撑住双膝，屈膝全蹲后，双手用力压双膝恢复还原，反复练习数次。（图 2-2-10）

图 2-2-10

2. 膝绕环

(1)并膝绕环

双膝并拢微屈，以手掌压住双膝，分别向左向右扭转数次。(图 2-2-11)

图 2-2-11

(2)分膝绕环

双脚开立，略宽于肩，双膝微屈，双手掌压撑双膝，分别由外向内或由内向外扭转数次。(图 2-2-12)

图 2-2-12

3. 单膝屈立

双腿开立约两肩宽，双手掌微用力压撑双膝，屈膝下蹲，身体重心移至右脚，左腿伸直下压，躯干自然直立。然后重心再移至左脚，屈膝下蹲，右腿伸直下压。左右依次交替数次。(图 2-2-13)

图 2-2-13

4. 前屈立压腿

双脚前后开立，前腿屈立，双手扶撑前腿膝处，身体保持直立，后腿伸直向下用力振压。左右腿前后依次交替练习。（图 2-2-14）

图 2-2-14

5. 扑步压腿

双脚左右开立，约两肩半宽，右腿屈膝全蹲，左腿伸直呈扑步，腰部向左侧转，左手伸够左脚膝，胸部贴靠右膝部，上下屈振。左右脚依次交换练习。（图 2-2-15）

图 2-2-15

第三节　专项准备活动的练习

一、柔韧类

柔韧性是指肌肉和关节进行最大幅度运动的能力。跆拳道柔韧类专项准备活动中一般采用直压腿、跨栏坐压、压脚背、横叉、竖叉等方式。但实际教学中应注意选择适合学员水平的练习方式，并注意循序渐进地进行练习。柔韧类活动包括主动性拉伸和被动性拉伸、动力性拉伸和静力性拉伸两组基本动作。这两组动作之间互有交叉。通常的练习方式有静力性主动拉伸、动力性主动拉伸和静力性被动拉伸三种。

常见柔韧类专项训练活动的手段与方法如下所述。

(一)肩部柔韧练习

1. 压肩

自然直立，左手臂横在胸前伸直，右手臂前伸并屈扣于左肘关节处，同时向右侧振压。两臂交换依次练习数次。(图 2-3-1)

图 2-3-1

2. 头后屈臂拉伸

身体自然直立，双手屈臂相交上举于头后，双手互抓肘关节，向左侧、向右侧拉动数次。(图 2-3-2)

图 2-3-2

(二)腰腹部柔韧练习

1. 前后屈伸

两脚左右开立，约两肩宽，双臂屈肘抱于头后，身体分别前屈后仰数次。(图 2-3-3)

图 2-3-3

2. 坐姿屈腿转腰

伸腿直坐，右脚屈腿交叉于左腿外侧，左臂前伸，左手扶右膝，右手辅撑于身后侧，身体向右侧扭转。左右交替练习。(图 2-3-4)

图 2-3-4

3. 左右侧屈腰

身体自然直立，双手十指交叉外翻上举于头顶，分别向左、向右侧屈腰数次。(图 2-3-5)

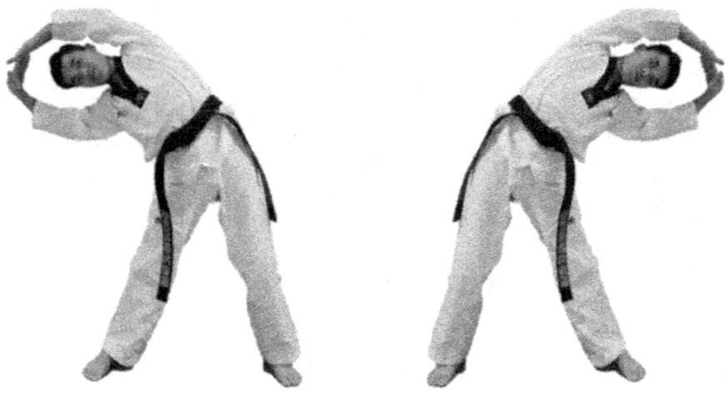

图 2-3-5

(三)腿胯部柔韧练习

1. 坐压脚背

双膝跪地，身体直立，屈坐于脚踝处振压数次，然后身体向后平躺下去，坚持 5～10

秒数次。（图 2-3-6）

图 2-3-6

2．双脚前后前屈压腿

两脚前后微张，左脚在前时，身体向左侧前屈振压；右脚在前时，身体向右侧前屈振压；反复练习数次。（图 2-3-7）

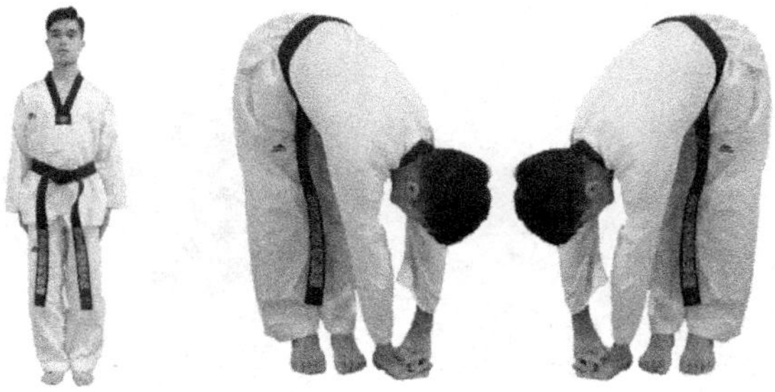

图 2-3-7

3．站立压腿

(1)正压。正面直立，身体侧对横木，被压腿侧抬搁于木上，一手扶撑被压腿膝部，一手后背，由腰部向前折体下压。左右交替进行。（图 2-3-8）

(2)侧压。支撑脚直膝站立，身体侧对肋木，被压腿抬至一定高度，右手扶撑腿部，由腰部向侧折体下压。左右交替进行。（图 2-3-9）

图 2-3-8

图 2-3-9

4. 坐姿压腿

(1)采用坐姿，右腿屈膝收脚至左髋部，左脚向前伸直，身体由腰部折体下压，胸部向膝关节贴压。(图 2-3-10)

图 2-3-10

(2)右腿向前伸直，采用坐姿，左腿屈膝横置于右髋部，身体由腰部折体下压，胸部向膝关节贴压。(图 2-3-11)

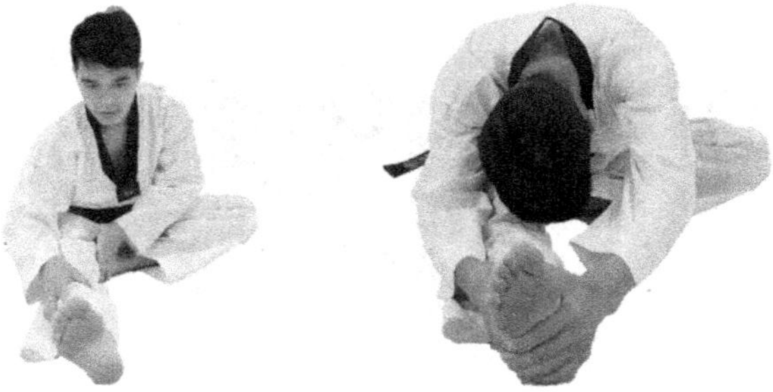

图 2-3-11

(3)采用坐姿，左腿向前伸直，将右脚屈抱至胸前，保持 10～20 秒后放开，左、右脚交替练习。(图 2-3-12)

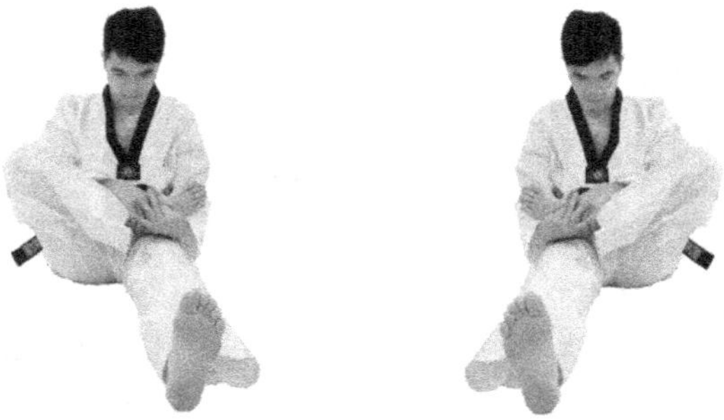

图 2-3-12

(4)采用坐姿，用右手抓住右脚，左手压住右膝，务必要使右腿伸直，保持数十秒，

左、右脚交替练习。(图 2-3-13)

图 2-3-13

(5)采用坐姿，两腿左右平伸，身体分别向左、向右侧折体下压数次。(图 2-3-14)

图 2-3-14

5. 劈叉压腿

(1)竖叉。两脚前后伸直，身体由腰部向前折体下压，左、右腿前后交换，压振数次。(图 2-3-15)

图 2-3-15

(2)横叉。两腿左右分开平伸，呈直线，双臂前撑或左右分握脚踝，身体向前方折体振压。(图 2-3-16)

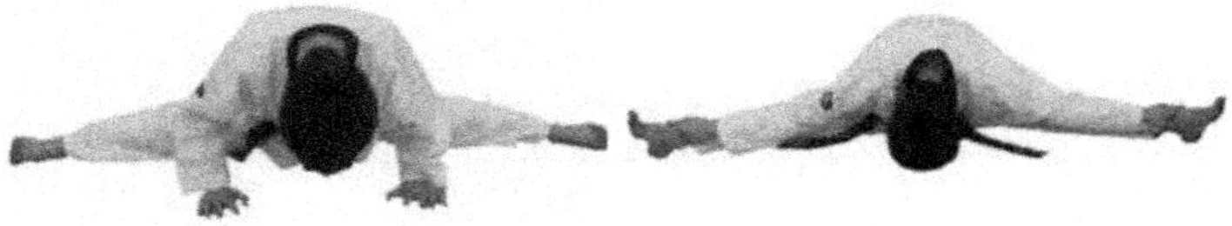

图 2-3-16

6. 躺压腿

身体平躺，用右手抓住右脚脚后跟，左手压住右膝，使右腿尽量伸直，持续数秒。左、右脚交替练习。(图 2-3-17)

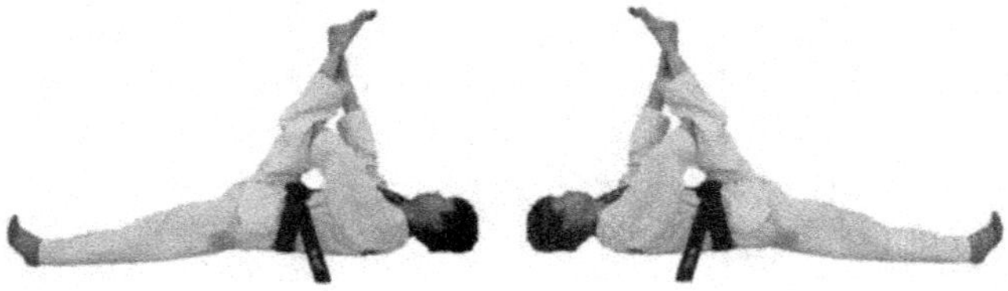

图 2-3-17

在跆拳道柔韧性专门训练中要注意以下三点。

(1)应根据跆拳道运动的特点来练习运动员的柔韧性，特别是注意腰、胯部的训练，但应注意不过分追求柔韧性而影响关节的稳定性。

(2)注意柔韧练习之前的身体预热。

(3)动力性牵伸能达到最佳的动态柔韧性，训练应以特定的速度进行。

二、灵敏类

灵敏素质是指在各种突然变化的条件下，运动员能够迅速、准确、协调地改变自身的动作，以适应变化着的外部环境的能力。灵敏性专项准备活动是典型的复合素质活动，表现为速度素质与协调素质的结合。

常见的灵敏类专项训练活动的手段与方法如下。

(一)单人练习

单人练习包括弓箭步转体跳、立卧撑前后交叉拍腿、软梯训练、象限双脚跳、十字变相跑、换步跳蹲、撤换步手触地往返跑，各种步法练习中的突然变向、急停、启动等。

(二)假想练习

假想练习是指在步法移动中，运动员想象比赛中遇到的情况，进而随机应变地突然做出攻防、反击等动作。

(三)对抗练习

对抗练习包括一对一的在规定圈内做摸肩、踩脚尖练习，以及运用步法突破对方防区等练习。

(四)跑步练习

跑步练习包括贴烧饼、打小鸟等游戏。

（五）其他练习

其他练习包括球类项目、竞技体操、健美操等。

思考与练习

1. 简述跆拳道准备活动的目的和意义。
2. 试述跆拳道准备活动的分类。
3. 跆拳道柔韧性练习中应遵循哪些原则？通常采用的练习方式有哪些？
4. 跆拳道灵敏性练习常采用的手段与方法有哪些？

第三章
跆拳道技术

本章要点

本章共七节，详细阐述了跆拳道品势和竞赛中使用的部位、基本姿势、步型、步法、身法动作及进攻、防守技术的动作要领、技术原理和练习方法；结合实战对跆拳道组合技术、高级进攻技术及运用技巧进行了具体的介绍。

本章重点与难点

重点：跆拳道进攻技术。

难点：跆拳道组合技术的实战运用。

随着现代跆拳道运动的发展，基本形成了以竞技跆拳道为主体，传统健身防身跆拳道和跆拳道品势练习相结合的整体格局。在不断发展的过程中，跆拳道的技术日益丰富和实用。

本章重点介绍竞技跆拳道的基本技术。竞技跆拳道技术是指跆拳道竞赛中所使用的能够充分发挥运动员机体能力、合理有效完成动作的技术。竞技跆拳道的基本技术简单实用，是所有其他技术的精髓和灵魂。任何技术的变化、运用都是在这种基本技术的基础上发展、衍生而来的。但是在比赛中，基本技术需要根据时机、距离、战术和运动员的身体条件加以拓展和变形才能有效地使用。

第一节　跆拳道使用的部位

在跆拳道竞赛中，由于受到竞赛规则的限制，运动员只能使用拳、臂及腿的部位进攻和防守，但在品势练习和实战中，跆拳道选手可使用任何便于攻击的身体部位。

一、手

跆拳道运动中手的使用包括拳、掌、指三部分，其中拳的使用最多，掌次之。

(一)拳

拳是跆拳道使用最广泛的技法之一。拳的作用是攻击对方面部，胸部、腹部以及用来防守。跆拳道中拳的握法主要有正拳、平拳、指节拳等。

1. 正拳

四指并拢，回屈紧握，拇指内屈，紧扣于食指和中指的第二节指骨处，注意拳面要平。(图 3-1-1)

拳面即握紧的拳的峰面，实战中利用拳峰直接攻击对方，力点是拳的峰面。

拳背即握紧拳的背部，中指和食指的指关节突出部分。用于抖腕上挑和伸肘向外侧摆动击打。在竞技跆拳道中只允许使用正拳的拳面攻击对方胸部、腹部以及用于防守。

2. 平拳

手指的第二指关节弯曲、四指指尖贴紧手掌，拇指微屈紧扣于虎口处，用第二指节击打。这种拳动作短促有力，实战时可冲击对方的上唇、眼睛等部位。(图 3-1-2)

3. 指节拳

拳握紧后将食指或中指的第二指关节特别突出形成指节拳。实战中用指节拳攻击对方上唇，眼睛，太阳穴，两肋，腹腔神经丛。(图 3-1-3)

图 3-1-1

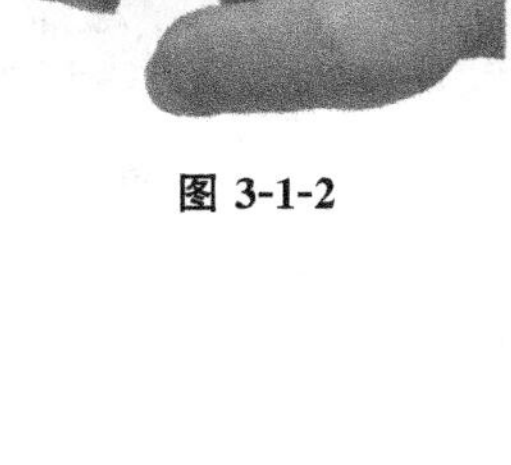
图 3-1-2

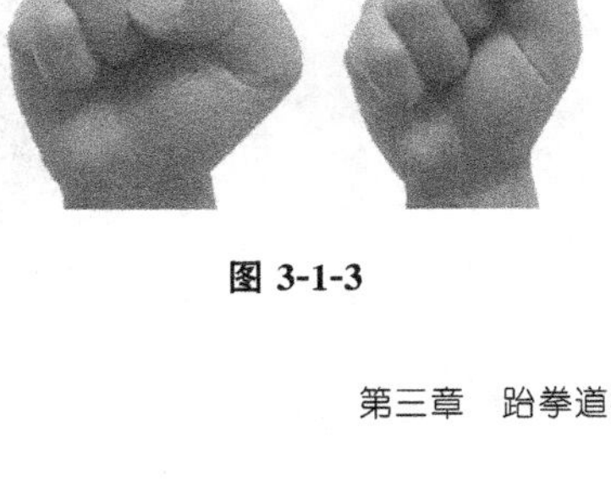
图 3-1-3

（二）掌

1. 手刀

手刀也叫空手刀。四指并拢伸直，拇指屈曲紧扣，小指及手掌的外沿形成刀刃，拇指的内侧形成刀背。刀刃和刀背在实战中用于砍击或截击。（图 3-1-4）

2. 掌根

掌根也称熊掌。将四指并拢，从第二指关节处屈曲扣紧，拇指扣紧虎口处。实战时用掌根击打对方的头面部、下颏和锁骨等。（图 3-1-5）

3. 底掌

底掌也称弧形掌。四指并拢，指关节微屈，拇指外展微屈，在虎口处掌成弧形。可用掌根底部攻击，也可用拇指和食指之间击掐颈部。（图 3-1-6）

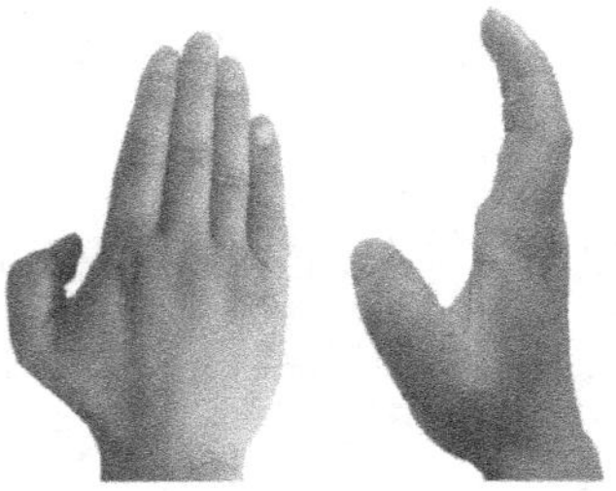

图 3-1-4

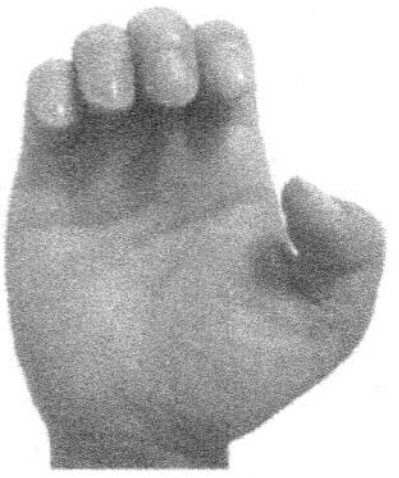

图 3-1-5

图 3-1-6

（三）指

1. 贯手

手形和手刀相似，中指和食指微屈，基本保持前三指指尖平齐，大拇指向掌内贴紧。实战中用指尖戳击对方。（图 3-1-7）

2. 二指贯手

伸展食指和中指呈“V”字形，拇指压紧无名指第二指节处，小指内扣。实战中用来插击对方眼睛。（图 3-1-8）

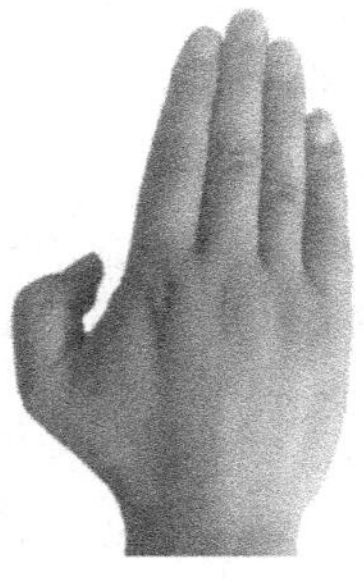

图 3-1-7

图 3-1-8

二、足

(一)脚前掌

脚前掌是指脚底前部的骨骼和肌肉部分。(图 3-1-9)

脚前掌进攻时主要用于前踢、旋踢和劈踢等。

(二)脚后掌

脚后掌是指脚底后部的跟骨下缘和肌肉部分。(图 3-1-10)

进攻时主要用于后踢和推踢。

(三)正脚背

正脚背是指脚的正背面，踝关节以下至第一趾关节以上部位。(图 3-1-11)

正脚背进攻时常用于横踢和前踢，其因距离远而力量大，故在跆拳道竞赛中使用最多。

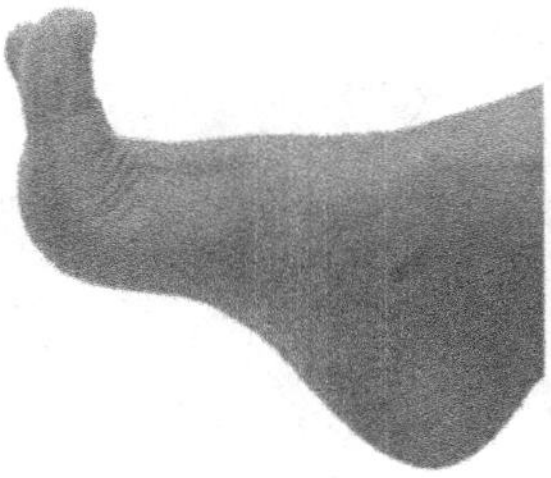

图 3-1-9

图 3-1-10

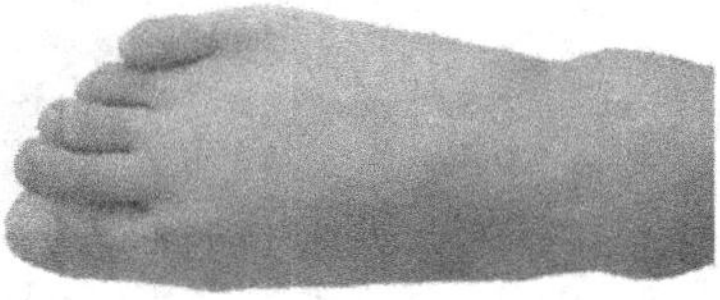

图 3-1-11

(四)足刀

足刀是指脚底和脚背相连结的脚外侧边缘部位。主要用于侧踢。(图 3-1-12)

(五)脚后跟

脚后跟是指脚后部踝关节以下的部位。脚后跟进攻时主要用于劈踢和旋踢。(图 3-1-13)

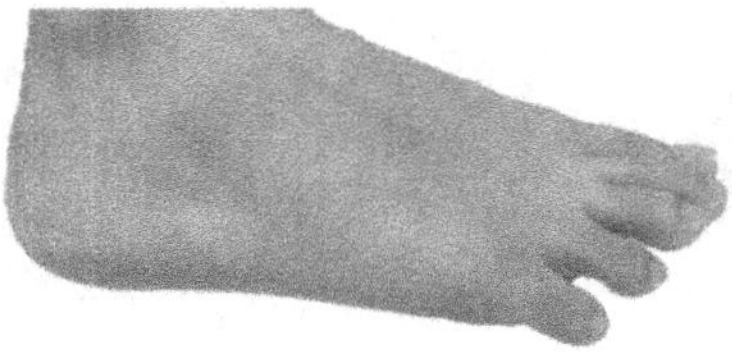

图 3-1-12

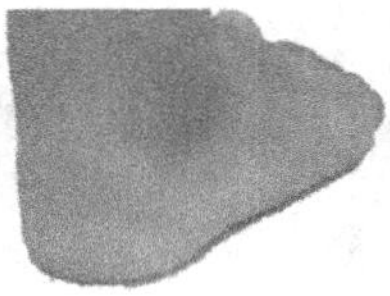

图 3-1-13

三、关节

(一)腕部

腕关节的四周部位。主要用于防守格挡。

(二)肘部

前臂与上臂之间的骨连接处，实战中主要用鹰突关节攻击，只限于在品势中使用。(图 3-1-14)

(三)膝部

股骨与胫骨腓骨之间的连接部分，是人体最具代表性的关节，运用起来灵活，力量大，在实战中杀伤力大，只局限于在品势中使用。(图 3-1-15)

图 3-1-14

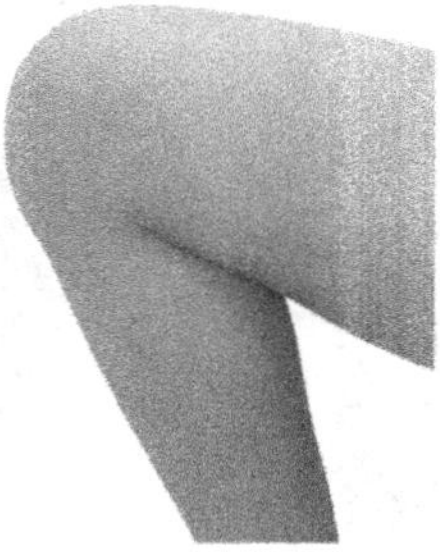

图 3-1-15

四、臂

包括使用前臂和上臂，主要用外侧进行格挡防守，其中前臂的格挡在竞技跆拳道比赛中经常被运动员使用。

第二节　跆拳道实战姿势

跆拳道以其变幻莫测，优美潇洒的腿法著称于世，被世人称为“踢的艺术”，这是跆拳道区别于其他格斗术的一个重要特点。跆拳道的腿法讲究变化多端、灵活多样，对人体的柔韧性，大脑反应的灵敏性，身体运动中的稳定性都有很高的要求，它是对人体机能和体能的综合考验。与其他格斗类项目一样，跆拳道的准备姿势也称实战姿势或预备姿势，是跆拳道比赛开始时双方的基本站立姿势，其特点是便于进攻和防守反击，有利于步法的移动。最佳的实战姿势不仅能使身体处于强有力的状态，而且有最佳的反应能力，利于在快速移动中发起进攻和防守，并且由于暴露面小，能有效地保护自己的得分部位。它是各种跆拳道技术转化的核心环节。

一、跆拳道实战姿势的类型

由于运动员个体的差异(内在的、身体的和心里的不同)，实战姿势也存在一定的差异。跆拳道的实战姿势可以分为三种类型，即标准实战姿势、侧向实战姿势、低位或高位实战姿势。实战中选手要根据不同的对手、战术、距离等实际情况来调节相应的实战姿势。练习时，左脚在前称为左实战姿势(以下简称左战势)，右脚在前称为右实战姿势(以下简称右战势)。

(一)标准实战姿势(以左战势为例)

两脚开立与肩同宽，前(左)脚脚尖呈 15～20 度站立，后(右)脚脚尖呈 90～110 度站立。后脚跟抬起，膝关节微屈，重心放在两腿间。身体放松、自然、腿有弹性。两手握拳，左拳在前，拳与肩高，右拳在后，拳眼均朝斜上；左肘关节夹角在 80～100 度；右肘关节夹角小于 80 度，右臂靠近右侧肋部。身体侧立，下颚微收，闭嘴合齿，面部和左肩、左拳正对对手，目视对手胸部或眼部。(图 3-2-1)

图 3-2-1

实战姿势是实战时的预备姿势，其重心控制在两脚之间，要求紧腰、收腹、含胸，两手紧护躯干以上部分，达到防守严密、移动方便、进攻灵活的目的。

(二)侧向实战姿势

身体姿势的基本要求同标准实战姿势，唯身体完全侧向，前后脚在一条线上。这种姿势利于向后转体进攻。(图 3-2-2)

(三)低位实战姿势

身体姿势同标准实战姿势，只是双膝弯曲加大，重心降低。这种姿势重心低、不易失去重心，利于跳起进攻和格挡防守，但移动相对较慢。(图 3-2-3)

图 3-2-2

图 3-2-3

图 3-2-4

(四)高位实战姿势

双脚距离缩小，膝盖放松程度减小，使身体的重心上移。这种姿势重心高，不易发挥下肢力量。实战中对手身高明显高于自己时，出于战术目的需要，或有使用。(图 3-2-4)

跆拳道实战姿势是在长期实战中自然而然形成的姿势。但具体说来，在跆拳道比赛中，运动员的姿势是各具形态的，有的采用散打姿势、有的采用拳击的冲备姿势，甚至在比赛中还能见到有选手用中国传统功夫的架势。当然这些姿势各有各的优点和缺点。不过，由于竞技比赛规则的不同，间接地决定了跆拳道准备姿势和技术体系与其他的格斗类项目之间的差别，不能等同混淆。

二、跆拳道实战的站位形式

站位是在比赛实战时，与对手之间的对峙形式。站位包括闭式站位和开式站位两种。

(一)闭式站位

指和对方不相对应的站位。即自己的左战势对应对方的左战势，自己的右战势对应对方的右战势两种站位形式。(图 3-2-5)

(二)开式站位

指和对方有相应的站位。即自己的左战势相对对方的右战势，或自己的右战势对对方的左战势两种形式。(图 3-2-6)

图 3-2-5

图 3-2-6

第三节　跆拳道基本步型、步法与身法

一、跆拳道基本步型

跆拳道品势中的步型有：

(一)并步

两脚并拢，身体直立，两脚内侧贴紧并拢。(图 3-3-1)

(二)开立步

两脚开立与肩同宽，身体自然直立，两膝微屈，两脚尖正对前方，两手握拳置于体前侧。(图 3-3-2)

图 3-3-1

图 3-3-2

(三)马步

两脚开立，较肩宽，两脚尖平行或略内扣，挺胸直背，两腿屈膝半蹲，重心在两脚之

间。(图 3-3-3)

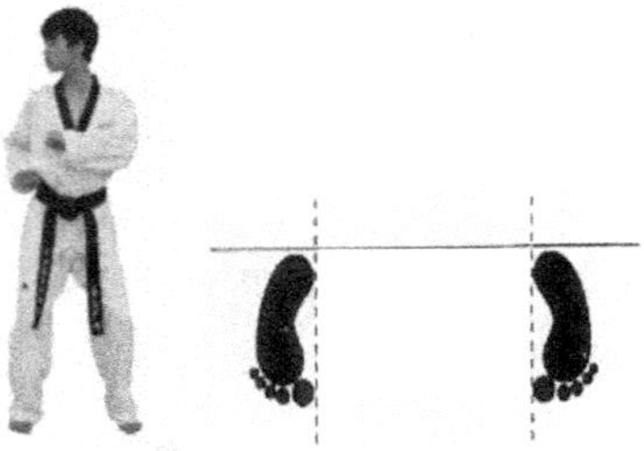

图 3-3-3

(四)弓步(弓步又称前屈立)

前后脚分立，前后相距约两脚半，左右间隔一拳，前腿屈膝，后腿伸直，前腿膝关节与脚尖垂直，重心(2/3)大部分在前脚上，左脚在前称左弓步，右脚在前称右弓步。(图 3-3-4)

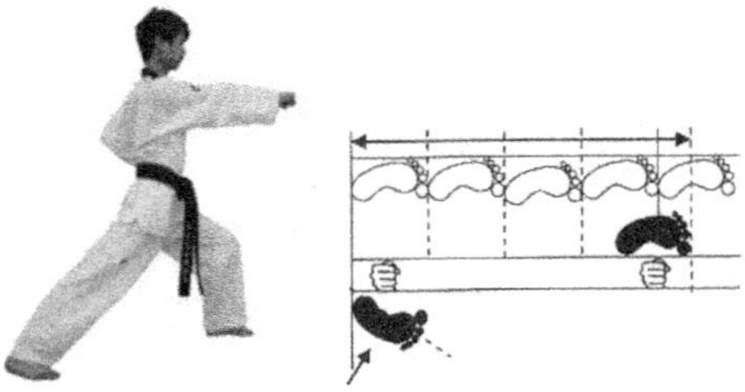

图 3-3-4

(五)后弓步(又称后屈立三七步)

前后脚分立，两脚相距约一脚半，后脚尖外展 90 度，后腿屈膝如同骑马状，前腿膝关节略屈，重心大部分在后脚上。左脚在前称右后弓步，右脚在前称左后弓步。(图 3-3-5)

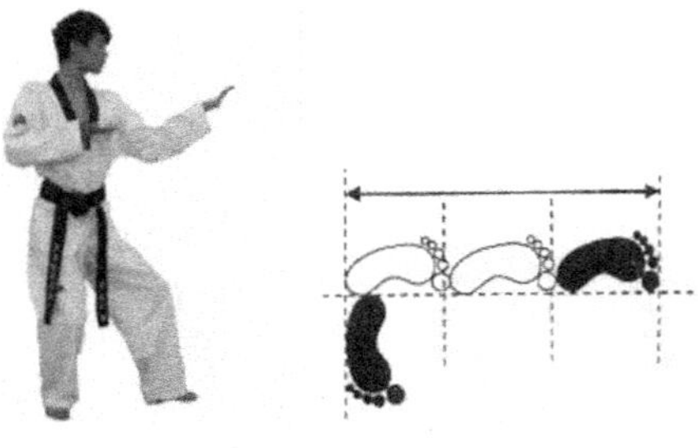

图 3-3-5

(六)前探步(又称高前屈立、前行步)

如走路姿势。两脚之间距离小于弓步，上体略前倾，前腿膝关节略屈，重心大部分落在前脚上。左脚在前称左前探步，右脚在前称右前探步。(图 3-3-6)

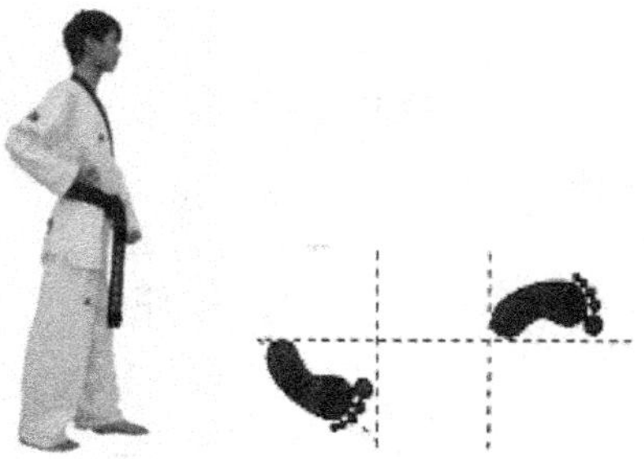

图 3-3-6

(七)虚步

两脚前后相距半脚长，后脚全掌着地，脚尖与正方向成30°角，前脚跟离地，前脚掌轻轻点地，双腿膝关节弯曲，前腿膝关节与前脚尖在一条直线上。身体中正，身体重心的90%或全置于后腿。(图 3-3-7)

图 3-3-7

(八)交叉步

两脚相距一拳距离，一脚不动，另一脚向其前侧(前交叉步)或后侧(后交叉步)落步，然后前脚掌着地，后脚尖着地，两腿屈膝交叉。(图 3-3-8)

图 3-3-8

(九)单脚立

支撑脚的脚尖向正方向，膝关节屈膝向前。辅助脚的脚内侧紧贴支撑脚的膝关节内侧或脚背紧贴在膝关节后，膝关节向正前方。(图 3-3-9)

图 3-3-9

二、跆拳道基本步法

跆拳道以腿法为主，实战中步法的灵活运用对充分发挥腿的威力，取得实战的胜利具有极其重要的意义。腿在使用时多以后腿进攻为主，因此跆拳道的步法具有鲜明的特点，即重心落在两脚之间或偏于前腿，而且身体姿势大都是侧向站位，以便保护身体正面的要害部位，有利于后腿通过拧腰转髋发力，增加击打的力量和速度。

跆拳道的步法在实战中具有极重要的意义。

第一，步法是连接技术动作的关键环节。跆拳道实战中，不论是进攻、防守，还是反击动作，绝大多数是在运动中完成的，因此需要灵活、快速、敏捷、多变的步法来进行连接，以保证后面技术动作的完成和发挥，否则就会处于被动挨打的局面。

第二，通过灵活多变的移动步法，使对方的进攻或防守落空，同时抢占有利的攻击或防守位置，为反击创造条件。

第三，灵活多变的步法可以保持身体的平衡。因为身体只有在相对平衡的状态下，才能更有力、更有效地攻击对方，达到攻击的目的。跆拳道的实战是在运动中进行的，没有正确、灵活、多变的步法就难以取得实战的胜利。

第四，灵活机智地运用多种步法，可以给对方心理造成压力，使对方产生无所适从的感觉，为战胜对方创造条件。

实战中常用的基本步法包括以下几种。

(一)前滑步

1. 动作规范

由左势实战姿势开始，后脚掌蹬地，前脚轻擦地面向前滑行 10～20 厘米，后脚随即跟

上相同的距离。(图 3-3-10)

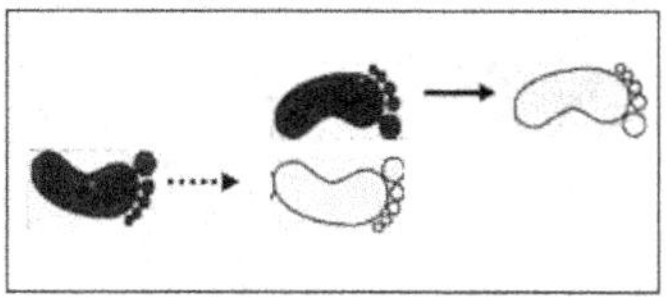

图 3-3-10

2. 注意事项

(1)两脚前滑要有加速度、突发性，滑步后保持身体平衡，处于一种弹性状态。

(2)身体重心自然向前，不应有起伏。

3. 易犯错误

(1)两脚离地跳动向前，易失去平衡。

(2)滑步时动作僵硬，两脚踩死，没有弹性。

(3)动作散漫，没有警戒心理。

(二)上步

1. 动作规范

由左势实战姿势开始，以左脚掌为轴，右脚沿直线离地 2～3 厘米向左脚前方迈上一步，左脚掌自然转动 180 度左右，成为右势实战姿势。可根据实战需要左右变化，调整与对方的相对距离，准备进行攻击或反击。(图 3-3-11)

2. 注意事项

上步时身体各部位要协调一致，右膝关节内侧贴近左大腿内侧，走直线，不拖地。

3. 易犯错误

(1)左脚全脚掌转动，增大了与地面的摩擦力。

(2)上步的距离过大或过小，易失去平衡，丢失战机。

图 3-3-11

(三)后撤步

1. 动作规范

由左势实战姿势开始，以后脚前脚掌为轴，前脚蹬地向后撤一步，形成和原来相反的实战姿势。后撤步也可根据实战需要左右变化，调整与对方的相对距离，准备进行攻击或反击。(图 3-3-12)

图 3-3-12

2. 注意事项

后撤时沿直线撤一步，利用前脚蹬地的反弹力迅速完成转体动作。

3. 易犯错误

(1)脚后撤时有预动，易被对手发现。

(2)撤步的力度控制不好，易失去平衡。

(四)后滑步

1. 动作规范

由左势实战姿势开始，前脚掌用力蹬地，后脚沿地向后滑行一步(10～20 厘米)，前脚随即向后滑行同样距离，两脚以及身体仍保持原来姿势。这种步法可以拉开与对手的距离，避开对方的进攻，准备做反击动作。(图 3-3-13)

图 3-3-13

2. 注意事项

(1)后滑要有加速度、突发性，滑步后仍保持平衡，处于实战姿势。

(2)两脚滑动的距离一致。

3. 易犯错误

(1)左右脚离地时跳动。

(2)滑步时全身僵硬，缺乏弹性。

(3)滑步动作太匀速，没有突发性。

(五)侧移步

1. 动作规范

由左势实战姿势开始，两脚前脚掌同时向左(右)侧蹬地，使身体向右(左)侧移动，离开原来的位置。向左移叫左移步(图 3-3-14)，向右移叫右移步(图 3-3-15)。侧移步的作用是避开对方有力的攻击，移动到对方的侧面，准备进行反击。

图 3-3-14

图 3-3-15

2. 注意事项

(1)移动过程中重心要稳定。

(2)向哪个方向移动就先动哪只脚。

(3)一般是将身体重心移向前脚，以利于后腿攻击。

3. 易犯错误

(1)左右移动时，身体产生晃动。

(2)移动时重心控制不好，不利于技术动作的衔接。

(六)跳换步

1. 动作规范

由左势实战姿势开始，两脚同时蹬地使身体腾空，两脚在空中前后交换，同时转体，落地时成右势实战姿势。(图 3-3-16)

图 3-3-16

2. 注意事项

(1)跳换步的腾空不宜过高，略离地即可。

(2)换步时要拧腰转髋，迅速敏捷，其目的是干扰对方的攻防思路，选择适宜自己进攻的方位和转换自己身体的得分部位使对方不能得分，同时争取反击的空间和时间，马上转入进攻。

3. 易犯错误

(1)跳换步时腾空太高，动作缓慢，不利于技术动作的衔接。

(2)没有拧腰转髋。

(七)垫步

1. 动作规范

由左势实战姿势开始，后脚向前脚内侧上步(或并拢)的同时，前脚蹬地抬腿向前迈步，仍成左势实战姿势。(图 3-3-17)

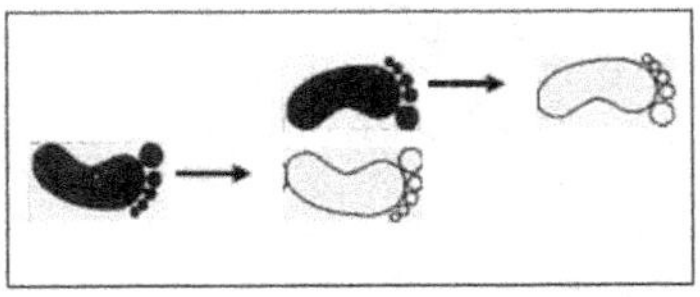

图 3-3-17

2. 注意事项

(1)做垫步时后脚向前要迅速，不等后脚落定，前脚就要蹬地抬腿向前移动：前脚移动的距离要适当，既能照顾与对方的位置关系，又便于自己后面的连接动作。垫步动作要迅速、轻捷、连贯。

(2)后面的连接动作，无论是进攻还是防守，都要快速，可在垫步过程中做动作，不给对方任何机会。

3. 易犯错误

(1)左膝上提时身体失去平衡，致使左腿的攻击能力丧失或被攻击。

(2)支撑腿过直或过屈，影响前腿的攻击力度。

(八)前冲步

1. 动作规范

由左势实战姿势开始，后脚向前迈一步，同时身体转正，随即前脚向前冲一步仍成左势实战姿势(图 3-3-18)。也可连续冲几步后成实战姿势。

2. 注意事项

(1)前冲步时两腿动作要连贯、快速，类似加速冲刺。步幅要小，频率要快，灵活多变是主动追击对方的有效步法。

(2)连续动作要轻捷、快速，给对方造成慌乱。亦可采用向后退的类似方法避守。

图 3-3-18

3. 易犯错误

(1)两腿动作不连贯，没有加速度。

(2)步幅太大，导致衔接技术动作较慢，影响攻击、防守或反击。

(九)组合步

组合步是指各种步法之间的不同组合。实际上，跆拳道的技术在实战运用的过程中，主要是通过各种步法的运用和变化而得到实施的，并且使用的步法都是有意或无意地组合起来综合运用的。运用步法的目的是调整距离，使自己的动作更加快速灵活，进而达到进退自如、控制节奏、有效攻击和有效防守的目的。步法的组合应根据实际情况的变化而改变，把攻击和反击的技术与步法紧密结合起来，做到在移动中进攻，在移动中防守，在移动中反击，使步法的运用和拳法、腿法融为一体，成为进攻、防守、反击的有机连接技术，从而达到取得实战胜利的目的。

三、跆拳道基本身法

跆拳道身法是指实战过程中身体的移动。实战中有效利用身体的移动、转体、变化，在避让对手攻击的同时又能及时有效地打击对手，这是学习身体移动方法的目的。

(一)前俯

在保持实战姿势的基础上双肩微下沉，眼睛直盯对手，避让对手的攻击，同时可迅速反击对手。左、右战势交替训练。(图 3-3-19)

(二)后仰

在保持实战姿势的基础上双肩向后微仰，避让对手的攻击，眼睛直盯对手，避让攻击的同时可迅速反击对手。左、右战势交替训练。(图 3-3-20)

(三)侧身

在保持实战姿势的基础上，前肩向后方侧体，避让对手的攻击，眼睛直盯对手，避让攻击的同时可迅速反击对手。左、右战势交替训练。(图 3-3-21)

图 3-3-19

图 3-3-20

图 3-3-21

第四节　跆拳道进攻技术

一、拳的基本进攻技术

拳进攻是跆拳道比赛中较为常用的动作之一，但往往很难得分，它不是运动员得分的主要技术，主要用来防守和配合腿的进攻。

(一)前手直拳(左势为例)

1. 动作规范

出拳时，右脚蹬地，左手握拳于胸前，随蹬地转腰的力量，左臂由屈到伸，左拳内旋向前冲击，力达拳面，拳心向下。当手臂伸直击中目标后，拳沿出击路线立即收回放松，成实战姿势。(图 3-4-1)

图 3-4-1

2. 注意事项

蹬地、转腰、旋臂一气呵成，击打目标前，腕关节紧张，拳握紧。出拳方向一般在对方肩关节以下、髋关节以上，不能过高或过低。另一手臂放于胸前，呈自然防守姿势。

3. 实战应用

在距离较近时，出拳击打后使两人之间距离迅速拉大，这时可趁机使用腿的进攻技术，如劈腿、横踢等。

(二)后手直拳(左势为例)

1. 动作规范

出拳时，右脚蹬地，右拳在胸前呈准备状态，随蹬地转腰的力量，右臂由屈到伸，右拳内旋向前冲击，力达拳面，拳心向下。当右臂伸直击中目标后，拳沿出击路线回收放松，成实战姿势。(图 3-4-2)

图 3-4-2

2. 注意事项

从右拳出击到击中目标，拳要逐步握紧，将蹬地、转腰、送肩的力量依次集中到拳面上。沉气，利用爆发力击打目标，提高击打效果，注意击拳方向。另一手臂屈于胸前，或自然下落。

3. 实战应用

贴近对手时，应适当拉开与对手的距离，或用击拳破坏对方的进攻，击打时随时准备起腿进攻或反击。时机较好时，后手拳可直接攻击得分。

二、腿的基本进攻技术

(一)前踢(左战势、右腿踢击为例)

1. 动作规范

右脚蹬地，双手握拳置于体侧，髋关节向左旋转；同时右腿以髋关节为轴屈膝上提。当大腿抬至水平或稍高时，关节向前送，向前顶，小腿以膝关节为轴快速向前上方踢出，力达腿尖，整条腿踹直。踢击后迅速放松，右腿沿原路线弹回，将左脚放置在右脚前面仍成实战姿势。(图 3-4-3)

2. 动作要领

膝关节夹紧，小腿放松，要有弹性；高踢时往上送，小腿回收与前踢的速度一样快。主要攻击对方的面部、下颏、腹部、裆部。前踢亦可用于防守。将前踢发力部位由脚尖改换为脚跟时，前踢动作就变为前蹬动作，动作方法要点相同，只是脚的形状发生了变化。

图 3-4-3

3. 注意事项

(1)膝关节上提时大小腿折叠，膝关节夹紧，小腿和跗关节放松，有弹性。

(2)踢击时顺势往前送髋，高踢时往上送髋。

4. 易犯错误

(1)直腿上撩，大小腿没有折叠，膝关节不夹紧。

(2)上体后仰过大，失去平衡。

(3)踢击目标时向前用力，与推踢动作混淆。

5. **持靶方法**(图 3-4-4)

图 3-4-4

(二)横踢(左战势、右腿踢击为例)

1. 动作规范

右脚蹬地，两拳置于胸前，重心前移至左脚，右腿屈膝上提，左脚前脚掌碾地内旋，髋关节左转，左膝内扣；随即左脚掌继续内旋至180度，右腿膝关节向前抬至水平状态，小腿快速向左前横向踢出；击打目标后迅速收回小腿。右腿落回原地成实战姿势。(图 3-4-5)

图 3-4-5

2. 注意事项

膝关节夹紧，向前提膝，尽量走直线；支撑脚外旋180度；髋关节往前顺，身体与右腿大小腿成直线；严格注意击打的力点在正脚背；踝关节放松，击打的瞬间要发力。击打的感觉是“面团”“鞭梢”。横踢攻击的主要部位有头部、胸部、腹部和肋部。

3. 易犯错误

(1)大小腿折叠不够，膝关节没有夹紧。

(2)外摆的弧度太大。

(3)上身太直，重心往下落。

(4)踝关节没有放松，用脚内侧击打。

4. 持靶方法(图 3-4-6)

图 3-4-6

(三)侧踢(右战势、左腿踢击为例)

1. 动作规范

左脚蹬地，两手握拳置于体侧；左腿以髋关节为轴屈膝提起，随即右脚以前脚掌为轴外旋 180 度，髋关节向右旋转，左腿以膝关节为轴向前蹬伸，左脚快速向左前上方直线踢出，力点在脚跟。发力后按起腿路线收腿，放松，重心落下(原处或向前均可)，再次回到实战姿势。(图 3-4-7)

图 3-4-7

2. 动作要领

起腿时大小腿、膝关节夹紧；踢出发力时头肩、腰、髋、膝、腿和踝成一直线；大小腿直线踢出，原路线收回。侧踢动作的主要攻击部位有膝部、腹部、肋部、胸部和头面部。

3. 易犯错误

(1)击打对方时，髋关节没有展开，导致击打力度不够。

(2)大小腿折叠不够，或蹬出的速度不快。

4. 持靶方法(图 3-4-8)

图 3-4-8

(四)推踢(左战势为例)

1. 动作规范

实战姿势站立。右脚蹬地，身体重心移至左脚，随即右腿大小腿夹紧屈膝提起；左脚以脚前掌为轴外旋约 90 度，上体略后仰，同时右腿以膝关节为轴迅速向前蹬出，力达脚掌；用于进攻对方的胸部或用于阻截对方进攻动作。动作完成后右腿放松回收，成实战姿势站立。(图 3-4-9)

2. 动作要领

支撑脚在踢击瞬间要挺膝伸直；配合支撑脚蹬力，腰胯展开前送。

3. 注意事项

(1)提膝时大小腿应夹紧，推踢时腿法运行的路线应是水平向前的；

(2)推踢时髋关节应向前送，应利用身体重心的前移来加大腿的力量。

图 3-4-9

4. 易犯错误

(1)击打腿过于僵硬，提膝时没有贴近上体造成发力不足，力量过小。

(2)击打腿的运行路线不是水平的，上体后仰过大不易衔接其他腿法。

5. 持靶方法(图 3-4-10)

图 3-4-10

（五）下劈（左战势、右腿踢击为例）

1. 动作规范

实战姿势开始。两手握拳置于胸前，右脚蹬地，重心前移至左脚。同时右腿以髋关节为轴屈膝上提，随即充分送髋，上提膝关节至胸部，右小腿以膝关节为轴向上伸直，将右腿伸直举于体前，右脚过头。然后放松向下以右脚后跟（或脚掌）为力点劈击，一劈到地，并成实战姿势。（图 3-4-11）

2. 动作要领

腿尽量往高，往头后举，要向上送髋，重心往高起；脚放松往前落，落地要有控制；起腿要快速，果断；踝关节要放松。劈腿的主要攻击部位有头顶、脸部和锁骨。

图 3-4-11

3. 易犯错误

(1)起腿不够高，不够充分，重心不往高起。

(2)踝关节紧张，往下压太用力，导致动作僵硬。

(3)重心和腿控制不好，落地太重。

(4)上身后仰太多，应随重心一起前移，保持直立。

4. 持靶方法：(图 3-4-12)

图 3-4-12

(六)后踢(右战势、左腿踢击为例)

1. 动作规范

实战姿势站立，两手握拳置于胸前；转身背对对方，右腿后撤，重心后移至右脚。左脚蹬地后屈膝提起，左脚贴近左大腿，随即右脚蹬地伸直，左脚错力向后方直线踢出，力达脚跟。踢击后左脚沿原路线快速收回，成实战姿势。(图 3-4-13)

2. 动作要领

起腿后上体和大小腿折叠收紧；后踢时动作延伸要长，用力延伸；转身、提腿、出脚动作一次性完成，不能停顿；击打的目标在正后偏右方。后踢动作的主要攻击部位有膝部、腹部、裆部、胸部和头面部。

图 3-4-13

3. 易犯错误

(1)上身、大小腿不折叠，直腿往上撩。

(2)转身、踢腿有停顿，不连贯。

(3)击打成弧线，旋转发力。

(4)身体旋转过大，容易被反击。

4. 持靶方法(图 3-4-14)

图 3-4-14

(七)后旋踢(右战势、左腿踢击为例)

1. 动作规范

实战姿势开始。两拳置于胸前。两脚以两脚掌为轴均内旋约 90 度，身体随之左转约 180 度，与双腿拧成一定角度。左脚蹬地，将蹬地的力量与上体拧转的力量合在一起，使左腿继续向左后旋摆鞭打，同时上体继续向左转，带动左腿弧形摆至身体左侧，左腿屈膝回收，左脚落到左后成实战姿势。(图 3-4-15)

图 3-4-15

2. 动作要领

转身旋转，踢腿连贯进行，一气呵成，中间没有停顿；击打点应在正前方，呈水平弧线；屈膝起腿的旋转速度要快，重心在原地旋转 360 度。后旋踢攻击的主要部位有面额和胸部。

3. 注意事项

(1)应以脚掌为击打点。

(2)右脚旋转支撑要保持平衡，踢击后迅速将腿收回。

4. 易犯错误

(1)提膝和屈膝勾摆不连贯。

(2)蹬地旋转不充分，造成击打无力。

(3)重心和腿控制不好，摆勾结束后，身体不到位，易被反击。

5. 技靶方法(图 3-4-16)

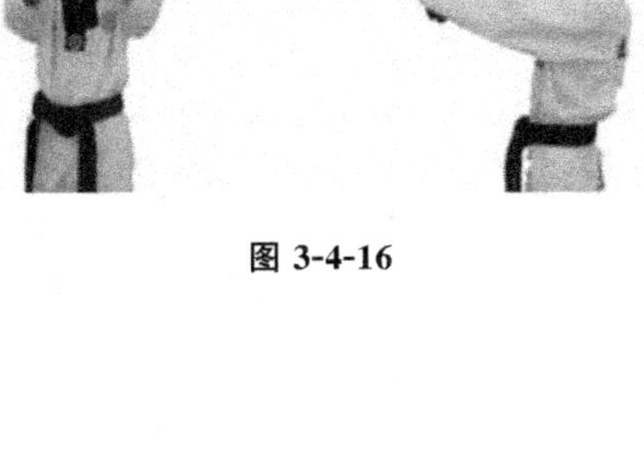

图 3-4-16

三、腿的高级进攻技术

（一）前腿技术

1. 前腿横踢（右战势、右腿踢击为例）

（1）动作规范。右实战姿势站立，左腿向前垫步同时右腿屈膝上提使大腿接近水平；膝关节夹紧；动作不停，以左脚脚前掌为轴，脚跟内旋，上体微向左侧转体，由转体动作带动右腿大小腿，横向由外向上、向前、向内呈弧线形摆击，力达脚背；目视击出脚，击打的瞬间小腿、大腿、腰部、上体基本成直线，动作完成后按原路线收回，成实战姿势站立。（图 3-4-17）

图 3-4-17

（2）动作要领。动作衔接要快，横踢时迅速伸膝发力，借助转腰的力量加大打击力度，上体不要倾斜过大，弹踢的瞬间同侧手应置于大腿外侧，异侧手置于下颌外防守。前腿横踢击打时膝关节应放松并向内扣；打击路线应是横向的，不能向上撩摆。

（3）易犯错误。出现直腿弹击；打击的力点不准。

（4）实战作用。非比赛时低位攻击对方大、小腿，也可以作为假动作引诱对方，我方伺机进攻；比赛时中高位攻击对方头、胸、腹部，也可以配合步法进行反击。

2. 前腿下劈（右战势、右腿踢击为例）

（1）动作规范。实战姿势站立。左腿向前垫步，右腿提起，右侧髋关节上送同时左脚跟抬起；右腿快速举过头顶，然后迅速向下方劈落，力达脚跟或脚前掌；动作完成后迅速成实战姿势站立。步法与劈腿配合要快。（图 3-4-18）

图 3-4-18

(2)易犯错误。脚跟不离地，没有送髋举腿动作；下劈过于用力，失去控制；身体过分后仰。可面对镜子放慢动作练习，重点体会动作要领和动作路线。

(3)实战作用。用于进攻对方头部；用于配合步法进行反击。

3. **前腿侧踢**(左战势、左腿踢击为例)

(1)动作规范。实战姿势站立，右腿向前垫步，身体重心后移，左腿屈膝提起与腰同高，大腿贴近胸部，小腿收紧，脚尖自然勾起，双手握拳成实战姿势；身体向侧后仰；同时大腿猛力伸直，带动脚掌向前沿直线踢击，发力的同时展髋，支撑腿脚尖指向侧后方，此时左手置于出腿大腿侧上方，右手至于胸前防守；动作完成后按原路线收回成实战姿势站立。(图 3-4-19)

图 3-4-19

(2)动作要领。配合垫步练习时垫步与侧踢衔接顺畅；提膝与侧踢腿动作要协调一致。

(3)易犯错误。上体与击出腿不能成一条直线，力点不准，击打距离短。初学者可扶支撑物或栏杆反复练习提膝踢腿动作，体会动作要领，使提膝踢腿动作连贯有力；踢腿完成时大腿与上体应保持一条直线，发力过程中应避免以膝关节为轴弹踢。

(4)实战作用。用于攻击对方头、胸、腹、髋、腿、膝等部位，或结合步法拳法直接进攻，也可以用于阻截对方进攻。

4. **前腿推踢**(右战势，右腿推踢为例)

(1)动作规范。实战姿势站立。左脚向前上步同时右脚大小腿夹紧屈膝提起；左脚以脚前掌为轴外旋约 90 度，上体略后仰，随即右腿以膝关节为轴迅速向前推踢，力达脚前掌；动作完成后右腿收回放松，成实战姿势站立。(图 3-4-20)

图 3-4-20

(2)动作要领。垫步与推踢要协调连贯、发力时要有控制，避免因用力过猛而失去重心；力达脚前掌(其他参考推踢)。

(3)易犯错误。上步与推踢动作不连贯。可由慢到快做上步与推踢的分解练习，待动作协调连贯后再完整练习。

(4)实战作用。用于进攻对方的胸部或阻截对方进攻动作。

(二)连击技术

1. 单腿连击

同一条腿连续进行两次以上进攻的方法。

2. 双腿连击

两条腿连续进行两次以上进攻的方法。

(三)腾空踢击

腾空技术是指运动员身体处于腾空和半腾空状态下完成的攻防动作。这些动作难度大、杀伤力强，比赛中运用得好会给对手重创。腾空技术内容很多，如腾空后踢、腾空后旋踢、跳踢、双飞踢、旋风踢等。

1. 双飞踢

双飞踢是跆拳道实战中将两次或多次的横踢动作在腾空状态下的快速组合。双飞踢有动作突然、得分率高的特点，按动作完成的先后顺序可以分为前腿双飞踢和后腿双飞踢两种，下面分别介绍。

(1)前腿双飞踢(右战势，以先出左腿为例)。实战姿势站立。右脚向前垫步同时左腿向前做前腿横踢动作；在左腿动作即将完成之际右腿向前起跳做横踢动作；动作完成后，两腿放松成实战姿势站立。(图 3-4-21)

图 3-4-21

(2)后腿双飞踢(左战势，以先出右腿为例)。实战姿势站立。身体重心移至左脚同时右腿向前做横踢动作；在右腿动作即将完成之际左腿向前起跳做横踢动作；动作完成后，两腿放松成实战姿势站立。用于进攻对方的胸腹部或头部，也可用于反击。(图 3-4-22)

需要注意的是，双飞踢动作要连贯，一般情况第一次击打比第二次击打力量要小，这样有利于双腿的连贯发力；击打时髋关节应充分前送，膝关节和小腿要放松，上体要随之转动，小腿犹如鞭子一样向前摆击；双飞踢动作方向应是向前而不是向上；完整练习时身体要放松，动作起动要快。

图 3-4-22

学习时易犯的错误有：动作僵硬，没有送髋、大小腿僵直动作衔接性差；起跳过高；动作分解。

初学者要反复强调动作的规范性与连贯性，不要强调力量和速度，在能够正确掌握动作要领后再提高动作速度；另外练习时身体要放松，否则会出现动作僵直现象。

2. 360 旋风踢

实战姿势站立。左腿蹬地身体重心移至右腿，以右脚脚前掌为轴身体向左后转体 360 度，转体的同时左腿提起并随之转动；当转动至正前方时，身体稍后仰，左腿下落的同时右腿蹬地向前做右腿横踢动作，动作完成后成右实战姿势站立。练习时可左右交替练习，左腿练习时动作与右腿相反。（图 3-4-23）

旋风踢转体时，提膝腿应围绕支撑腿转动，两大腿内侧的夹角不宜过大；击打时击打腿的脚面要绷直，踝关节要放松；转体要迅速连贯，动作完成后要有控制。旋风踢主要用于中远距离的进攻，进攻部位为腹部、胸部和头部，也可以用于反击。

图 3-4-23

易犯错误：击打腿大小腿折叠角度不够，击打力度太小，没有鞭打的效果；击打腿脚面没有绷直；上体没有稍向后倾或后倾过大，造成击打腿没有完全伸直，击打距离过短或失去重心；动作不连贯，旋转腿在转体的过程中过早落地。初学时可以把整个动作分解来完成练习。

3. 腾空后踢

(1)原地腾空后踢。此种腾空后踢要求双脚同时腾空，边腾空边转身，尽力跳到最高点时后腿蹬出发力，腾空高度要高。该技术在实战中运用很少，但是必须练习，为了最难的助跑腾空后踢做铺垫。两脚同时发力，不要单脚发力。

(2)反击腾空后踢。反击腾空后踢仅仅是在转身后踢的基础上增加了一个支撑腿向前腾空的动作，腾空高度很小，但平行移动大，目的主要是为了增加打击远度和力度，此技术较为容易，只要基本的后踢练会，就不难掌握。在实战的防守反击中运用非常多。

注意转身腾空时候身体的协调配合，把支撑腿由弯曲到伸直、进攻腿蹬出、身体扭转三者的力合在一起发出，可使威力最大。

4. 腾空下劈

左战势站立，先将身体重心移至左腿，右腿提膝向上，身体向上跃起，同时左脚蹬地起跳腾空，左腿使用下劈的技术向前，击打对方面部。

腾空下劈常常用在与对方处在中远距离时；要求两臂有力上摆，配合右腿上提和左腿蹬地而使身体迅速腾空，主要攻击对方面部。

5. 腾空后旋踢

左战势开始。两拳置于胸前。两脚以两脚掌为轴均内旋约 90 度，身体随之右转约 180 度，与双腿拧成一定角度。右脚蹬地，将蹬地的力量与上体拧转的力量全在一起，将右腿向后上以髋关节为轴直腿摆起，右腿继续向右后旋摆鞭打，同时上体向右转，带动右腿弧形摆至身体右侧，右腿屈膝回收；右脚落至右后成实战姿势。

转身、旋转、踢腿连贯进行，一气呵成，中间没有停顿；击打点应在正前方，呈水平弧线；屈膝起腿的旋转速度要快；重心在原地旋转 360 度。

第五节　跆拳道防守、防守反击技术

一、跆拳道基本防守技术

在跆拳道实战中，防守的基本形式是格挡防守，几乎很少采用躲闪防守，因此格挡防守技术就显得非常重要。学员如果只注重进攻技术，而忽视防守技术，他就很难成长为高水平的跆拳道实战家。实战中防守技术的实施是根据实际情况而定的，影响防守技术实施的原因包括对方的技术程度、力量、速度以及和双方相持的距离等，只有在适当的时机用适当的防守技术，才能达到防守的目的，否则就会失去防守的意义。高质量的防守是反击对方的转换时机和条件。只有在有效完成防守的同时，才能尽快转入反击，变被动为主动，为战胜对手创造有利条件。

跆拳道实战中最基本的防守技术，根据身体姿势和防守位置可分为上段防守、中段防守和下段防守。上、中、下的区分是以锁骨和髋关节为界限，锁骨以上称为上段，锁骨至髋骨之间称为中段，髋关节以下称为下段。

(一)上段防守

保护头颈部不受打击的技术方法。

1. 单臂格挡法

实战姿势开始，当对方的拳或脚攻向自己的头部时，左(右)手拳(刀)自内向外做格挡动作，将来拳或来脚挡在左(右)前臂外面。这个防守动作可根据对方来拳或脚的方向选择左手防守还是右手防守；可向左格挡，亦可向右格挡。手臂要用力，但动作幅度要小。防守动作完成后要迅速反击或回到实战姿势。(图 3-5-1)

2. 单臂上架法

实战姿势开始，当对方的上劈拳或劈腿自上而下击向自己的头顶时，可用左(右)手臂屈肘自下而上横架于头顶之上，阻挡来拳或来脚的攻击。单臂上架防守两臂都可进行，根据对方来拳或来脚的方位决定用左或右臂上架。(图 3-5-2)

3. 双臂交叉上架法

实战姿势开始，当对方拳或腿自上而下大力下劈时，迅速两臂交叉自下而上架挡来拳或来腿。(图 3-5-3)

图 3-5-1

图 3-5-2

图 3-5-3

(二)中段防守

保护锁骨以下至髋关节部位的技术方法。

1. 单臂格挡法

实战姿势开始，当对方的拳或脚攻向自己中段部位时，用左臂（刀）向内格挡或向外格挡对方的来拳或来脚。根据来拳或脚攻击的方位，选择用左手臂格挡还是用右手臂格挡。（图 3-5-4、图 3-5-5）

2. 按掌格挡法

实战姿势开始，左拳变掌屈肘向内向下快速下按，阻挡对方的拳攻或脚攻。可根据来拳或来腿的方位，选择左手掌或右手掌做下按阻挡防守动作。（图 3-5-6）

图 3-5-4

图 3-5-5

图 3-5-6

（三）下段防守

保护髋关节以下的技术方法。

1. 单臂下挡法

实战姿势开始，右脚向后成左弓步，同时左臂由屈到伸向斜下外截，用手腕格挡；右拳置于腰间。此动作亦可用手刀向斜下外截。可根据具体情况使用左手或手臂（刀）完成动作。（图 3-5-7）

2. 两臂交叉格挡法

实战姿势开始，左脚前迈落成左弓步，同时两臂体前屈肘交叉，手心向外推击，阻挡对方的低腿进攻。格挡时身体下沉，以增加下截的力量。（图 3-5-8）

图 3-5-7

图 3-5-8

二、跆拳道防守反击技术

跆拳道与别的对抗性项目一样，双方相互对立，相互制约。一名优秀的跆拳道运动员想在比赛中取得胜利，除了要有熟练和扎实的基本功以外，还要灵活掌握防守反击的技术。

防守技术可分为三种，一是利用与对方前后、左右的闪躲来进行防守反击。二是防守者可使用格挡与阻挡，然后来进行防守反击。三是防守者在对方进攻时也使用进攻动作反击与制约对方。

第六节　跆拳道组合技术

跆拳道组合技术要根据赛场上的具体情况灵活发挥，或难或易，或简或繁。虽然身体素质、体能、战术、技术、临场发挥等是比赛不可缺少的条件，但如果只具备基本动作是不能适应比赛要求的，应该在熟练地掌握战术的情况下取得先机和主动。组合技术掌握得越多越精，比赛中优势就越明显，往往能起到事半功倍的效果。跆拳道组织技术按攻防性质可分为两大类，即进攻型和防守反击型。

一、进攻组合技术

(一)右(左)横踢＋左(右)下劈(以左战势为例)

右脚蹬地身体重心前移左脚，左脚掌为轴内旋，同时顺势起右腿向左侧前方横踢。右脚内扣落地，左脚蹬地，身体重心落在右脚上，顺势左腿下劈。

(二)右(左)横踢＋左(右)后踢(以左战势为例)

右脚蹬地身体重心前移左脚，左脚掌为轴内旋，同时顺势起右腿向左侧前方横踢。右脚内扣落地，左脚蹬地，身体重心落在右脚上，顺势左腿后踢。

(三)右(左)劈腿＋左(右)后旋踢(以左战势为例)

右脚后蹬，身体重心前移至左脚，起右脚上举过头顶，然后用力下劈，右脚向前落地同时，起左脚，右脚以前脚掌为轴外旋，身体向左转动，顺势起左腿向左后旋踢。

(四)左(右)前横踢＋右(左)后踢(以右战势为例)

左脚后蹬身体重心前移至右脚，右脚掌内旋，身体右转，顺势起左腿向右踢，右脚内扣向前，落地，右脚前蹬地后向右后踢。

(五)左(右)前横踢＋右(左)下劈(以右战势为例)

左脚后蹬，身体重心前移至右脚，右脚掌内旋，起脚横踢。左脚向前落地同时，重心移向左脚，右脚后蹬，左脚支地右脚顺势上举过头顶，并迅速前下方劈腿。

(六)左右(右左)双飞+左(右)后旋踢

右脚蹬地起跳，身体腾空左转，腾空高度在膝关节以上，不宜过高，迅速在空中用左右横踢动作踢向对方胸部或腹部，右脚向前落，同时抬起左脚后旋踢。

(七)左右(右左)双飞+左(右)下劈+右(左)下劈

右脚蹬地起跳，身体腾空左转，腾空高度在膝关节以上，不宜高，迅速在空中小角度左右横踢，右脚蹬地，身体重心前移至左脚，顺势起右腿，向前劈落的同时，重心移至右脚，抬起左脚向前劈落。

(八)左(右)下劈+右(左)后旋踢+右(左)横踢

左脚蹬地，身体重心前移至右脚，右脚支地，左脚举过头顶；迅速下落，左脚内扣，右脚前蹬，身体重心移至左脚，身体右转，顺势起右腿后旋踢，右脚落原地同时，马上提腿右横踢。

(九)左右(右左)双飞+左(右)后踢+右(左)横踢

右脚蹬地起跳，身体腾空左转，腾空高度在膝关节以上，在空中小角度横踢，右脚支地同时左腿左后踢，重心前移，身体左转，顺势起右腿向前方横踢。

二、防守反击组合技术

(一)与右势对阵时的防守反击

对方用后脚横踢时的迎击方法：

第一，原地后腿后踢法是在对方想要出腿时同时出腿反击，出腿慢反而会被对方击中。

第二，原地后腿后旋法是在对方要用前踢进攻时，前脚向后稍拉的同时后腿后旋踢，这是瞬间的动作，若稍慢就会被对方击中。

第三，两脚向后撤一步前脚横踢，是在对方横踢动作结束同时用横踢动作反击。对方横踢动作踢出时后撤一步，上身向后仰的同时前脚一字形踢出，如后撤动作慢，会被对方击中。

第四，变向横踢反击法是对方用横踢法进攻时，前脚变为后脚后，用后脚踢对方的腹部，或头部，注意重心移动要迅速，脚步移动慢了很容易被对方击中。

(二)对方用后腿下劈时的反击

1. 原地后脚后踢(腹部)

这个动作在对方抬腿的同时踢出才有效，对方在原地抬腿时防守方重心向后仰腰部展开的同时后踢出去，后踢后撤退动作慢就会容易被对方击中，同样在原地用后旋、横踢动作。

2. 两脚向后撤，前脚前踢

对方下劈动作快要结束时用这个技术，两脚向后撤时上身后仰，重心放在右脚上，送髋的同时踢出横踢动作，这时若横踢动作慢，会被对方击中。

3. 两脚向后撤半步后旋踢

对方下劈动作结束的同时进行反击；向后移动时重心放在右脚上，同时把力量迅速传达到左脚上进行旋踢；动作做完后要快速离开，不然很容易被对方抓住机会反击。

4. 前脚向后撤一步、前脚右脚横踢

同样，前脚向后撤一步，用右脚侧踢。这时前踢动作慢或收腿慢，就很容易被对方击中。

(三)对方两脚并拢后直腿横踢时的防守反击

1. 原地把重心放低后的后脚横踢

对方进攻时上体稍向后仰，同时转腰送髋，后脚横踢；这时上体不仰的话容易被对方的横踢击中。

2. 两脚后撤，后脚下劈

对方前踢，后脚落地的瞬间进行反击；这时重心放在左脚上，力量放在脚上做下劈动作；若下劈动作不快，很容易被对方横踢击中。

3. 前脚向后脚靠拢的同时横踢

对方横踢进攻，前脚向后重心转移的同时躲过对方的攻击，上身后仰，原地两脚靠拢；两脚靠拢的时间过长，很容易被对方击中；前脚后退一步，两脚突然拼拢的同时利用下劈动作反击。

(四)对方双脚后撤一步横踢时的反击

用横踢进攻以后对方反击时用右臂格挡，同时，击打对方胸部；利用左手拳击打的同时左脚横踢；注意对方对脸部的攻击。

(五)右战势选手在原地跳后踢时的反击

1. 原地变向，左脚横踢

在对方跳后踢动作开始或结束的瞬间反击；反击时原地变向送髋摆。

2. 右脚推踢，左脚横踢

当对方想转身做后踢动作时；自己右脚稍用力，推对方髋部，同时用最快的速度左脚横踢。

(六)对方快步上前横踢时的反击

1. 原地右脚后踢

对方快速向前换步的同时进行反击；这时右脚尽量往里踢；后踢速度要快，不然容易被对方击中。

2. 原地前脚撤到后脚的同时前脚横踢

当对方快速向前移动时；自己前脚向后脚并拢，上体后仰的同时横踢出去，踢出后呈一字形。

(七)对方后踢时的反击

对方进攻时，先向左移 45 度，同时换步上踢后移送髋横踢；这时应小心对方的连续横踢。

(八)对方后旋踢时的反击

1. 原地右脚横踢

对方进攻的同时反击；踢时上体要向后靠；这时速度慢的话容易碰上，因此要果断，要有自信心。

2. 上体后靠送髋横踢

对方后旋踢后落地时；前脚掌蹬地向右后移 45 度，后移的同时上体后靠送髋横踢；横踢动作慢就会受到对方的攻击。

3. 对方双飞时反击

对方动作结束时使用；向后退一步，对方第二脚动作结束时利用左右横踢进行反击。

第七节　跆拳道技术运用技巧

一、距离感

跆拳道实战的距离，是指跆拳道实战中双方之间形成的空间间隔。根据运动状态，跆拳道比赛距离可分为静态距离和动态距离。

(一)距离的四种形式

1. 远距离

双方相距在一步半左右，这个距离，直接进攻都难以攻击到对方。(图 3-7-1)

2. 中距离

双方相距一步左右，这个距离，直接进攻都有可能击打到对方。(图 3-7-2)

图 3-7-1

图 3-7-2

3. 近距离

双方距离在一步以内，需要调整距离来使用技术，或者将技术加以变化才能攻击到对方的有效部位。(图 3-7-3)

4. 贴身

双方躯干相靠在一起，这个距离难以使用技术。(图 3-7-4)

图 3-7-3

图 3-7-4

恰当的距离是攻击成功的必要条件。只有获得了良好的距离感，自如地控制距离，才能在实战中出色的发挥技术。在跆拳道比赛中，由于双方不断地移动，以上四种距离形态不断无序地出现，并没有长时间的固定状态。因此，距离需要依靠选手的观察来判断；需要根据对手的应激反应和移动习惯来预测，通过步法和身法移动来调整和控制。要想形成良好的距离感需要不断提高选手预测、判断和调整控制的能力。

(二)不同距离的攻击策略

1. 远距离

双方处在远距离状态时，直接进攻难以击中对手，需要使用长距离攻击技术。当对方在远距离发起进攻时，首先采用迎击的方法攻击对手，其次可以先短距离后移，然后实施反击。向前移动的步法＋各种腿法技术：双飞、旋风踢、横踢，等等。

2. 中距离

双方处在中距离时，可以直接发起攻击，也可以微微前后移动结合假动作迷惑对方，抓住破绽后进行攻击。中距离是大多数跆拳道技术能够发挥作用的距离。横踢、双飞后踢、下劈、后旋踢等腿法都适合在这个距离内使用。但必须明确的是，这个距离不仅是进攻的最佳距离，同时也是可以有效反击的距离。所以在进攻的同时要严密注意对方变化，防范对方的反击。当对方连击时，要根据对方的行动，有效组织起自己的第二次、第三次以及此后的进攻。

3. 近距离

双方处在近距离时，可以直接攻击，也可以间接攻击。直接攻击时要选用那些短距离的进攻技术和反击技术。间接攻击时要通过步法或者身法，调整好距离后再攻击对方。拳、内摆下劈、外摆下劈等技法可在近距离时使用。

4. 贴身攻击

在贴身状态时，可以用高横踢攻击对方头部；还可以通过转移身体位置，调整距离的方式进行攻击。但同时也要注意防守对方的攻击。

二、战机的把握

战机是打击对方的最佳时间和机会。准确地把握战机，是跆拳道对阵的关键环节之一。抓住战机的本质就是抓住对方失去防守或者防守薄弱的瞬间。

(一)主动进攻

在对方准备发起进攻时抢先进行攻击；在对方精力分散时进行攻击；在对方变换动作时进行攻击；误导性假动作起作用时进行攻击。

(二)迎击

在对方动作尚未完成时攻击；在对方用步法靠近过程中攻击。

(三)反击

闪开对方攻击的同时进行攻击；防守的同时进行攻击；在对方攻击落空时进行反击。

(四)连击

对方受到打击而失去平衡时；对方胡乱防守、无章无法时；对方面对进攻盲目退逃、没有反击能力时；对方发呆、不知所措时。

三、节奏感

跆拳道的比赛节奏是指跆拳道选手在实战中，动作与动作之间，组合动作与组合动作之间的时间间隔。在跆拳道比赛中，运动员在赛场上的行动包括：站成实战势与对手对峙，运用各种方法寻找战机；用跆拳道技术攻击(进攻、反击、迎击、连击)对手；步法移动；在裁判员判罚时等待比赛继续开始。

这些时间的长短和控制，决定了运动员的比赛节奏。在训练和比赛的实践中，教练员和运动员要不断地摸索掌握对手的节奏变化规律，使用相应的节奏或扰乱对方的进攻节奏，争取比赛的主动权。

四、预判能力

预判能力是高水平跆拳道运动员必备的重要素质。在跆拳道比赛中，优秀的运动员在与对手的实战中，能够在对手行动之前感觉或判断出对手的行动是什么、什么时候采取行动，并且能够在对手发出动作时不假思索地实施有效的应对措施。

(一)提高预判能力的具体措施

掌握跆拳道攻防规律；了解不同选手使用技术的习惯；提高观察能力、判断能力，精细的体会“空间感”和“时间感”，逐渐形成跆拳道特殊的攻防“直觉”；不断进行实战训练，有意识、有目的地进行预测练习，大胆实践、果断行动，摸索选手攻防规律，逐渐提高预测的成功率。

(二)预测的思维方法与内容

知己知彼，百战不殆。只有提高预测能力才能有备而战，进一步提高技战术使用的目的性和主动性。提高选手的预测能力，需要不断地进行思维训练和实战训练，有目的地积累经验。预测能力是一种综合能力。经常进行思维训练，并养成边实战边思考、用头脑打比赛的习惯，对提高判断与预测能力会很有帮助，再加上不断的实践，运动员的技术应用能力就会不断提高。下面是实战预测应该明确的问题。

对方将使用什么战术，可能出现什么样的战术变化？对方的特长技术是什么，他有可能使用哪些技术进行进攻、防守和反击？对方进攻与反击的征兆是什么，比如表情如何变化？重心怎样移动？不同的对手将可能进行哪些变化？自己的攻击发出后，对手可能采取的应对措施是后退、前进、侧移、反击还是防守？对方可能处在什么位置？他的下一步行动是什么？

思考与练习

1. 跆拳道实战姿势的类型有哪些？在实战中采用什么样的姿势最好？
2. 跆拳道的步法为什么非常重要？
3. 怎样练习组合步法？步法怎样与技术结合？
4. 横踢的动作规范是什么？进攻部位有哪些？
5. 初练后踢时最容易出现的错误有哪些？
6. 初练双飞踢时应注意哪些地方才可以很快纠正出现的错误？
7. 为什么要使用跆拳道组合技术？组合技术有哪几种类型？
8. 如何提高跆拳道运动员实战中的预判能力？

第四章
跆拳道战术

本章要点

本章共两节，主要介绍了跆拳道战术的概念和战术设定的原则，并对运动员战术能力的培养和不同战术的运用技巧分别进行了阐述。

本章重点与难点

重点：跆拳道战术的种类。

难点：跆拳道战术的运用。

第一节 跆拳道战术概述

跆拳道战术是根据自己和对手的具体情况，为取得比赛胜利而采取的计策和行动。使用合理的战术，可以在比赛中限制对手发挥特长，营造出有利于自己的比赛局面，掌握比赛的主动权。因此，跆拳道比赛不仅是技术水平的对抗，也是心理、意志和智慧的较量。

凡是竞争及对抗的运动，都会运用到两个概念，即战略和战术。所谓战略，是指针对比赛制定出的训练方案和手段及其实施过程。所谓战术，是指为最大化发挥运动员的竞技水平并战胜对手而采取的计谋和行动。跆拳道比赛的战术，就是比赛双方根据各自的具体情况，为战胜对手而采取的计策和方法。

跆拳道比赛的战术是以谋略为主。随着跆拳道竞技运动的普及和深入，比赛中运动员的技术水平和竞技能力日趋接近，单凭身体条件和技术优势战胜对手的可能日渐减少，而通过有效的战术，把良好的身体专项素质和技术技能充分发挥运用出来，以取得比赛的胜利就显得尤为重要。因此，跆拳道比赛的战术就成为跆拳道训练的重要组成部分。在比赛双方势均力敌的情况下，正确地运用战术，可以减少体力的消耗和无效行动，这对夺取比赛的胜利具有极其重要的作用。

跆拳道比赛战术的形成与运用是建立在一定的身体素质、心理素质、技术和思维水平之上的，同时，跆拳道战术的培养反过来对运动员的身体、技术、心理和智能有极大的促进作用。例如，练习主动进攻战术可以提高运动员的反应速度，可以培养运动员勇敢顽强、坚决果断的意志，有利于其全面发展。跆拳道比赛是智慧加技巧的比赛，而战术的应用过程就是一个斗智的过程，它有利于运动员智能的发展。

跆拳道比赛战术的训练，要树立正确的指导思想，注重战术的实用性和灵活性，要遵循跆拳道比赛的规律和规则。想实现战术目的，必须要掌握战术原则、了解战术能力、知道战术方法并经过战术训练，这样才能掌握发挥运用的时机和条件。

一、跆拳道比赛的战术原则

跆拳道比赛的战术原则，是制定战术计划、实施战术方案必须遵循的准则。主要的战术设定原则有以下几种。

（一）根据比赛的技术特点来设计战术

技术，是实现战术的基础，战术又是通过一定的技术动作来实现的，不同技术动作的组合，表达了不同的战术意识。因此，根据跆拳道比赛技术动作的特点和功能设计战术是合理、有效地发挥技术的战术原则之一。它能使我们从跆拳道技术的整体性、独立性、有序性和关联性出发，正确地制定战术。避免孤立地、片面地考虑战术环节和某一个战术动作的技术因素，产生单一的战术方案。跆拳道比赛的技术以踢法为主，因此，制定战术时要根据踢法的不同形式、方位、远近、高低以及动作之间的规律，按照不同动作的不同作用，充分运用竞赛规则的允许条件来制定不同的战术方案。

（二）攻防兼顾

跆拳道的比赛是紧张、激烈、刺激的，如果比赛中只一味讲究进攻或单纯防守，就会攻防失调、顾此失彼。因此，比赛中一定要遵循攻防兼顾的原则，在瞬息万变的激烈对抗中临战不惧，临危不乱，保持合理的攻防节奏和效果。攻防兼顾原则是根据比赛时的具体情况灵活应用的，比赛时如果面对的是强于自己的对手，你就要加强防守，运用防守反击战术与对手对抗；如果面对的是弱于自己的对手，你就要采取主动进攻战术，争取主动战胜对方。如果两人水平相当，则要攻防兼顾，充分调动自己的大脑，运用适当的战术，做到有序进攻，稳妥防守，抓住战机，猛烈攻击。

（三）利用控制与反控制

在跆拳道比赛中，经常会遇到这样的情况：一名运动员虽然具有较好的身体素质和较高的战术水平，但比赛中却处处被对方控制而不能有效发挥，最终导致比赛失败。而比赛中的这种控制就是运用技战术遏制对方进攻的最有效方法。如果你的控制能力好，运用技战术合理，你就会占据比赛的主动和优势，相反，你就会处于劣势和被动。

（四）灵活多变

跆拳道赛场上的局势是千变万化的，比赛时如果只用为数不多的战术，甚至只采用固定的战术，那就很容易被对方摸到规律，使自己陷入被动挨打的局面。因此，在设计战术和进行战术训练时，要根据比赛中可能发生的情况，多方考虑战术组合及其相互之间的衔接配合和变化运用。利用多种技战术方法，最大程度地布局进攻方向和进攻点。比如利用比赛场上的时间、空间、角度、方位以及真假动作的交替变化，来设计灵活多变、多种形式的战术组合。并且这些战术一定要有针对性和实效性，否则，华而不实的技术战术组合再多，动作再漂亮，也不可能取得最终的胜利。

（五）根据对方的实际情况设计战术

《孙子兵法》曰："知己知彼，百战不殆。"即只有正确地认识自己，清楚地了解对方的实际情况，才能够百战百胜。跆拳道比赛中同样需要运用这一策略。要想战胜对方，就要了解对方的具体实力和各种优缺点，然后针对这些具体情况考虑设计相应的战术，实现运筹帷幄，决胜于比赛之中。因此，在双方交战前一定要全面了解对手的具体情况，一般从以下 5 个方面具体了解。

1. 身体素质

运动员之间的身体素质各不相同，有的力量大，有的体力好，有的反应快，有的协调性好，有的柔韧性好，有的动作灵敏。针对对手不同的素质特长，应该采用相应的克制其特长发挥的战术。例如，对柔韧性好的对手，要利用步法移动不断改变相对角度，使其不能准确地发挥柔韧性和腿法好的优势；也可利用假动作形成近身的打法，控制其起腿。

2. 专项技术水平

要清楚地知道对方在比赛的专项技术上有哪些优势，比如说他善于用什么踢法，主要得分手段是什么，常用的得意技术组合是什么，防守的弱点在哪里等。针对这些具体优势和缺点，采用相应的技战术，一方面克制其优势，另一方面针对其薄弱环节进行反攻，达到避其长，击其短的目的。

3. 对方攻防类型

跆拳道运动员的攻防类型有三种：一是主动进攻型；二是以防守反击为主的防守型；三是攻守持平的综合型。在比赛前要了解对方属于哪一种攻防类型，然后制定相应的技战术方法，在控制其优势的基础上战胜他。

4. 比赛动态类型

跆拳道比赛中不同的运动员会表现出不同的动态类型，有的属于力量型、有的属于技术型、有的属于技巧型，有的属于战术型。针对不同类型的运动员，要采用相应的战术。比如对力量型选手，需要运用以快制力，以巧制力的战术遏制住其力量的发挥。而对技术型选手，则要利用假动作以改变距离和位置角度，封堵其进攻路线，同时进行连续进攻。

5. 临场心理素质

运动员比赛的临场心理素质是一个十分重要的制胜因素。而所谓训练型和比赛型运动员的说法，就是主要指运动员的心理素质而言的。一般来说，训练型的运动员往往因其比赛时心理紧张和不稳定，容易造成失败。而比赛型的运动员却能靠其临场稳定性和争先向上的心理素质，发挥自己的各种优势，取得比赛的胜利。跆拳道比赛作为智慧加技巧的比赛，比赛中的斗智斗勇，都属于心理素质的范畴。

二、跆拳道比赛的战术能力

跆拳道比赛的战术能力，是指跆拳道运动员在参加训练和比赛中应该具备的战术意识、战术理论、战术数量和战术质量等的综合能力。

(一)战术能力的内容

1. 战术意识

是指运动员在复杂多变的比赛中，根据比赛的规律和各方面的情况，随机应变，有判断、有目的、有预见性地运用战术的策略思维活动。

个人战术意识体现在对各方面情况判断的准确性和及时性上，即预先考虑到采取各种行动的可能性，预见到可能产生的多种效果，并有针对性地灵活运用对抗对手的最佳战术行动。包括有目的地采取隐蔽和欺骗手法，创造性地采用别人想不到或未曾采用过的新措施，等等。总的来说，战术意识支配着行动，行动的效果又反过来对战术意识的强弱进行评价。运动员就在这种反复的支配和评价中提高着战术意识和行动效果。

2. 战术理论

战术理论包括专项的战术指导思想，运用战术的基本原则，各种攻防战术的使用及其优缺点。丰富的理论知识有助于个人战术意识的提高，有利于迅速掌握多种战术和迅速提高战术质量，有助于更合理地选择战术、运用战术。

3. 战术质量

每个运动员都有自己的特点和优势。掌握好几种符合自己特点的战术，作为主要的"武器"来对付对手，是体现战术能力的一个重要措施；也是保证战术质量的一个原则。如利用自己步法敏捷、技术好的特点寻找战机进攻，破坏对方战术，以取得比赛的胜利。

4. 战术数量

运动员在比赛中会遇到各种各样的对手，这些对手常会变化使用多种战术。因此，必须掌握多种战术，才有可能提高应变能力，争取战术运用的主动权。

（二）运用战术应注意的具体问题

1. 战术要熟练

要熟练掌握和运用符合自己特点的战术。对于战术，如果只是面面俱到，样样都会，但都不熟练，就不能体现运动员的战术能力。

2. 战术要先进

战术有相对先进和落后之分，而且战术的先进程度也不是一成不变的，以下 3 个方面可以用来衡量一种战术的先进与否。

(1)战术本身的优缺点。与 20 世纪 70 年代末 80 年代的初跆拳道战术相比较，现在的跆拳道战术更简洁、更注重实效。一般说来，战术都是在攻防对立的过程中发展起来的，掌握先进度高的战术，是高质量战术的标志之一。

(2)对方的适应情况。一般来说，战术本身的优点越多，先进度越高，对方就会相对的不适应，在实战中也更容易取胜。基于此原则，对方对某种战术不熟悉、不适应，即使这种战术是过时的，也同样可以选用。

(3)发展潜力是否大。学习选择自己尚未学会或尚未掌握的战术时，还应考虑这种战术的发展潜力及其是否符合当前国内外竞技跆拳道的主要发展趋势。如果这种战术的发展已经进入停滞阶段，就不要再去学习和使用。

3. 战术上要有“绝招”

要有用以制胜的独特战术，即别人没有的、新的战术，或在某种共有的战术打法上比别人有独到的优势，如果你的战术能够使一般的对手难以应对，这种战术就会成为你取胜的有力武器。

4. 战术要不断创新

战术的创新，可以提高战术能力，它反映着质的飞跃。运用创新的战术，可以其突然性造成对手一时束手无策，不能适应，进而战胜他。战术的创新要充分利用技术规律和规则条件。在规则基本允许的范围内，寻求可利用的战术。

第二节　跆拳道战术的种类及选择

所谓战术种类的选择是指运动员在临场比赛中，根据比赛的规律和各方面的情况，有目的的决定自己对抗对手的策略思维的活动。跆拳道比赛的战术很多，大体分为以下几类：

一、进攻

进攻是以我为主、先发制人的攻击。跆拳道的进攻包括：直接攻击、压迫式强攻、引诱式攻击和连续攻击。常用的进攻战术适合力量大、速度快、体力好、判断准、技术特长突出的选手。

(一)直接攻击

指充分发挥自己的技术，使用确有把握的特长直接进攻对方。使用这种战术需要在实战中主动创造条件，如果处于被动地位，就暂时防守，等待时机。一旦机会来临，再用特技进攻。使用此战术要动作迅速、突然，及时抓住战机。

一般下列状况是运用这种战术的较好时机。当对方的反应速度、动作速度减慢时，对方的攻防动作不熟练时，对方的体力不足时，对方的防守出现空隙时，自己与对方的距离能有效地使用进攻动作时。

(二)压迫式强攻

这是一种先发制人的主动进攻，是有计划有准备的战术行动。在比赛开始后就可以连续使用技术，猛烈进攻，借以扰乱和破坏对方的心理平衡、战术准备，使对方忙于防守，疲于招架，消耗大量体力，在短时间取得绝对胜利或是掌握场上主动权。这种战术的优点是可以迅速掌握主动权，缺点是自己的体力消耗较快，容易露出破绽，给对方以逸待劳的机会。

当自己力量、速度、耐力比较好，但技术不如对方；身体素质好，技术比较全面，但比赛经验不如对方；对方的近战能力比较差；对方的心理素质比较差时，可以使用该战术。

（三）引诱式攻击

这种战术是跆拳道比赛中最常用的基本战术之一，也是假动作与真动作联合的较好手段，会诱使对手产生错觉，在其犹豫不决时，进行真正的攻击。比如，要使用后旋踢攻击对方头部，可先用前横踢假装进攻后立即后撤，等对手追击时再予回击。这种可诱使对手产生错觉进而上当的方法包括假动作、刻意露出破绽等。这里需要注意的是，“引诱”只是手段，“攻击”才是目的。引诱的同时要做好攻击的准备，一旦对方上当，就要快速、敏捷、准确地实施攻击。

在跆拳道训练和比赛中，一般采用的引诱式攻击需上下动作结合、左右动作结合、前后动作结合，这与经验较丰富的选手采用的“声东击西”“指上打下”的战术其实是异曲同工的，都是为了引诱对方“上当”。一般来说，对手体力好，但技术不太全面，战术不灵活，可以使用这种战术。但在使用时，自己的动作要快在对方前面，否则不易成功。

（四）连击

连击是指连续两次或两次以上的攻击。在一次攻击发出后不管击中与否，只要对方来不及防守或防守不当，出现破绽，就要连续进攻毫不放松。连击可分为原地连击和移动连击，移动连击又包括向前追击和边后退边攻击。

使用连击的基本条件包括：对方防守能力弱，步法移动不灵活时；自己体力充沛，对方体力较差时；对方的心理素质较差，反击能力不强时；自己身体素质好，技术全面，但比赛经验不如对方时；自己身体素质好，但技术不如对方时；对方被击后愣神或发呆时。

二、反击

在跆拳道比赛中，进攻和反击是相互制约的。在防守的基础上，抓住其暴露的空隙和破绽，进行攻击称为反击。

（一）防守反击

当对方正面猛攻时，快速地向前、后、左、右移动步子，既可以避其锋芒，又可以制造战机。主动进攻需要改变原有姿势，人身体的一些部位会产生防守空隙，如果在防守的同时或之后立即反击，以静制动对方就很难应对。这种战术对于性情急躁，缺乏比赛经验，喜欢猛打猛攻的对手很有效。

(二)即时反击

当对手还没完成动作时，己方迅速攻击以达到反击的目的。不过这对于运动员自身技术水平的要求较高。

(三)迎击

指边防守边进行反击，防守和攻击同时完成，是反击的高级形式。只要把握时机、找好反击的点、线、面，就定能击中对方。

(四)反击战术的应用时机

反击战术应用时机包括：对方动作变动大时；对方动作不连贯时；对方只知进攻，防守意识差时；对方性情急躁，缺乏比赛经验时；对方不擅长攻防转换，试图掩盖自己的反击意图时。

三、利用规则

利用规则，也称规则战术，即在比赛中充分利用规则，通过允许的手段，获得得分，形成比赛优势的策略。

规则战术中有以下几种常见的方法。

(一)KO取胜

即用特长技术或不常见招法，重击对手头部或躯干，使对手因体力不支退出比赛。KO战术是在大比分落后时赢得比赛胜利的方法之一。也是提前结束比赛的一个重要途径。

(二)诱使犯规

使用有效手段和方法，迫使或诱使对手多次犯规，迫使对手被裁判员多次警告或扣分，使其产生心理压力而发挥失常。最终使对方被扣4分而被迫离场。

(三)了解裁判

了解裁判员的特点和水平，在比赛中用相应的战术获得优势。比如：裁判员对击头得分的尺度较宽时，要多创造机会攻击对方头部；裁判员强调后踢得分时，就多利用后踢与对方作战；裁判员对倒地判罚较严时，就多想办法破坏对方重心使其失去平衡倒地等。

四、全面克制

全面克制，也称克制战术，即限制对方的长处，发挥自己长处，攻击对方弱点的比赛策略。因为每个运动员都有自己擅长的技术和打法，同时也存在薄弱之处，因此使用克制战术显得尤为必要。

对矮个或善于近距离攻击的对手，尽量与其保持相对较大的距离，防止其突然靠近。当对方接近时，应迅速用横踢、侧踢、下劈等腿法，直接迎击抢攻。有机会就连击，没有机会就迅速撤离。

对于身高腿长的选手可采用灵活步法，在对方进攻(反击)失效或注意力分散时迅速接近并连击；利用假动作诱使对方上当，然后迅速接近并攻击对方。

如果对方反应较快难以接近，则可采取强攻策略；快速接近对方并做好防守准备，不管对方是否攻击，在自己获得距离后，连续猛攻对方。

同一级别中身高特别突出的选手，一般体力都比较差，再加上动作幅度大，每次消耗的能量都较一般人多。所以比赛开始后就要加快动作节奏和攻防节奏，先消耗掉对手体力，然后利用各种战术去战胜对手。

身高腿长的选手大多擅长下劈、推踢与横踢。对于这样的对手，在防守时应多采取左右闪躲的方法，尽量避免使用后闪，否则易遭对手的连击，陷于被动局面。

对善于主动进攻的选手可以攻对攻。可用假动作干扰其进攻，或采取抢先进攻的方法抑制对方的进攻，迫使其转攻为守，也可先防守后反击。

善于防守反击的选手，一般都反应快、判断准，防守能力强，闪躲技巧和还击技术比较突出。他们善于观察并能迅速寻找出对方的漏洞，对付这类选手可在进攻时适时变化攻击策略与方法，隐蔽自己的进攻意图，避免对方抓住规律；可用佯攻的方法，诱其作出习惯性的反击动作，然后抓住机会快速攻击；把自己的真攻击和假攻击结合起来，让对方难以判断自己的虚实；抢攻后迅速移开，使其反击落空；或者用反击策略获得更多的得分，比如 1+2 战术(我攻击得一分，对手在我得分后反击得一分，紧接着我继续攻击再得一分，这次攻防对手得一分，我则得两分)等。

对付善于连击的选手，防守时尽量避免向后退，可以选择向前与对方靠近，不给对方攻击的距离，破坏对方的连击；或者向两侧移动，使对方连击动作落空，然后寻机攻击。

五、心理战

心理战是利用气势、情绪、动作、表情等各种规则允许的手段，干扰对方的情绪，并造成一定的心理负担，使对方技战术发挥失常，挫伤对方的锐气，在心理上战胜对方的方法。心理战一般适用于比赛经验不足、心理素质较差的选手。同时，心理战运用得当，也可以振奋自己，有助发挥超常的技战术水平。

常用的心理战术能显示或夸大自己的实力，给对方造成心理压力，让对方望而生畏，产生惧怕心理。在赛前发布假情报，制造各种假象，也可让对方真假难辨，虚实难测。比赛前隐蔽自己的实力，并且根据人的性格弱点采用有效的方法引导其产生不正常判断，使自己有更多的机会。

思考与练习

1. 跆拳道比赛中制定和实施战术时要注意的原则有哪些？

2. 如何结合对手的实际情况设计战术？

3. 初学者在进行战术能力培养时要注意哪几点？在运用时应注意哪些问题？

4. 跆拳道实战中常用的进攻战术有哪些？在何种情况下可采用压迫式强攻战术？

第五章
跆拳道品势练习

本章要点

本章共八节，分别对太极一至太极八章的内涵、演练风格及动作规格进行详细阐述。

本章重点与难点

重点：跆拳道各品势的内涵。

难点：跆拳道品势演练的节奏。

跆拳道的品势是以技击动作的攻防进退为素材，通过特定的运动规律而编排的整套练习。其类似于中国武术的“套路”，日本的空手道也有类似的整套练习形式，被称为“型”。

跆拳道品势是跆拳道体系中一个特别的表现形式，其动作技术与真实技击动作有一定差异，但仍保留了技击的特点。跆拳道品势内容丰富，形式多样，包括太极一至八章和八卦的一至八式的高段位品势：高丽、金刚、太白、平原、十进、地跆、天拳、汉水、一如。

跆拳道品势的学习对理解与体认朝鲜半岛民族精神与民族文化具有一定的价值。跆拳道品势的级别分类及演练要求体现了儒家“礼”的思想，实践了“礼”的内涵。

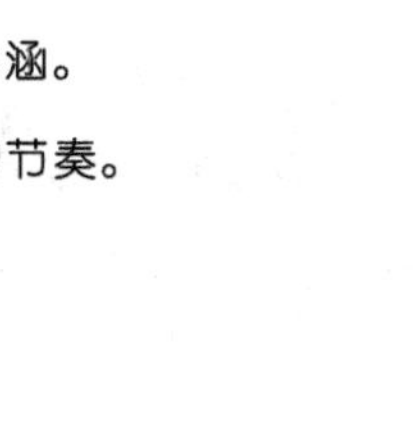

图 5-0-1

太极品势共八章，是初学跆拳道者必须学习与掌握的入段品势。品势的演练路线与方向是按照八卦的图案与方位来进行的(图 5-0-1)。通过太极八章的学习，我们可以看出跆拳道对中国传统文化的汲取与应用，显示了独具特色的东方内涵。

第一节 太极一章

太极一章代表了太极八卦中“乾”的运用，太极是宇宙万物的根源，“乾”是开始，所以太极一章也是跆拳道品势的根本。太极一章演武路线见图 5-1-1。

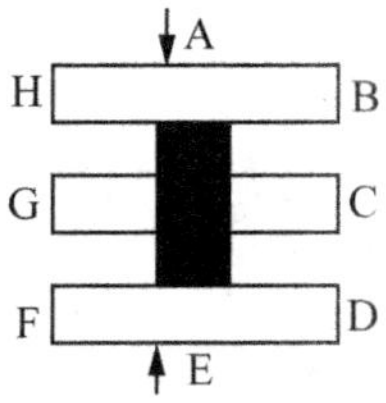

图 5-1-1

太极一章共 18 个动作，其动作构成便于初学者学习和掌握，太极多采用前屈立的站位姿势，所使用的技法包括中段冲拳、下段防守、中段防守、上段防守和前踢等较为简单的动作。

(一)太极一章演武路线和准备姿势

站于 A 位置，左脚向 B 方向(以下文中的英文字母都是指演武线图中的方向定位)横跨一步，两脚与肩同宽，两腿自然站立；两手握拳屈臂置于腹前，拳心向内；两眼平视前方。(图 5-1-1、图 5-1-2)

图 5-1-2

图 5-1-3

(二)具体动作规范

1. 左转身下截

身体向左转至 B 方向，前行步站立，同时，左手握拳向左下截，右拳收于腰间。收于腰间的拳，拳心向上(以下拳心方向相同，不再赘述)。(图 5-1-3)

2. 右顺步冲拳

右脚向前进一步成前行步站立，同时，右拳向前内旋平冲，左拳收于腰间。(图 5-1-4)

3. 后转身下截

右脚向后撤步，身体以左脚为轴，向右转体 180°，面向 H 方向前行步站立；同时，右臂屈肘向下截拳。(图 5-1-5)

图 5-1-4

图 5-1-5

4. 左顺步冲拳

左脚向前进一步仍是前行步站立，同时，左拳向前内旋平冲，右拳收于腰间。(图 5-1-6)

5. 左弓步下截

身体左转 90 度，左脚向 E 方向移步，成左弓步；同时，左臂向下截击，左手握拳，拳心向内，右拳收于腰间。(图 5-1-7)

图 5-1-6

图 5-1-7

6. 左弓步冲拳

两脚原地不动，右拳向前内旋平冲，左拳回收于腰间。(图 5-1-8)

7. 右转身外格

右脚向 G 方向移步，左脚以脚掌为轴原地为旋，脚步转向 G 方，身体随之右转；同时，左拳前伸外格，拳心向上，右拳收于腰间。(图 5-1-9)

图 5-1-8

图 5-1-9

8. **前进步冲拳**

左脚向前进一步成前进步站立，右拳向前内旋平冲，左拳回收于腰间。（图 5-1-10）

9. **后转身内格**

以右脚掌为轴，身体向左后转 180 度，随即左脚向 C 方向进步；同时，右臂向内格挡。（图 5-1-11）

图 5-1-10

图 5-1-11

10. **右弓步冲拳**

右脚向前进一步成右弓步，同时，左拳向前内旋平冲，右拳收于腰间。（图 5-1-12）

11. **右弓步下截**

以左脚为轴，身体右转 90 度，右脚向 E 方向移步；右手握拳向右下截击，左拳收于腰间。（图 5-1-13）

图 5-1-12

图 5-1-13

12. 右弓步冲拳

两脚原地不动，左拳向前内旋平冲，右拳收于腰间，成右弓步冲拳。(图 5-1-14)

图 5-1-14

图 5-1-15

13. 左转身上架

右脚不动，身体左转，左脚向 D 方向移步；同时，左臂屈肘上架，置于额前，拳心朝外，成前行步站立。(图 5-1-15)

14. 右前踢冲拳

右脚蹬地，屈膝上提，以膝关节为轴伸膝前踢；左脚掌支撑，两臂屈肘置于体侧。右脚放松前落，成前行步站立；同时，右拳向前内旋平冲，左拳收于腰间。(图 5-1-16、图 5-1-17)

图 5-1-16

图 5-1-17

图 5-1-18

15. 后转身上架

以左脚为轴，身体向右后转 180 度，有脚向 F 方向移步成前行步；同时，右臂屈肘上架，横置于额前，拳心朝前。(图 5-1-18)

16. 左前踢冲拳

右脚支撑，左腿屈膝上提，以膝关节为轴伸膝向前上踢击；同时，两臂屈肘置于体侧。左脚前落成前行步站立，左拳向前内旋平冲，右拳收于腰侧。（图 5-1-19、图 5-1-20）

图 5-1-19

图 5-1-20

17. 左弓步下截

以右脚为轴，身体右转约 90 度，左脚向 A 方向上一步，成左弓步；同时，左臂向左下方截击，右拳收于腰间。（图 5-1-21、图 5-1-22）。

图 5-1-21

图 5-1-22 （左图的正面视角）

18. 右弓步冲拳(收势)

左脚不动. 右脚向前上一步，成右弓步；同时，右拳向前内旋平冲并发声："停!"左拳收于腰间。以右脚为轴，身体向左后转 180 度，左脚后撤与右脚平行成准备势。（图 5-1-23、图 5-1-24、图 5-1-25）

图 5-1-23

图 5-1-24 (左图的正面视角)

图 5-1-25

第二节　太极二章

太极二章代表了太极八卦中“兑”的思想，“兑”的含义为外柔内刚，因此应注意外柔的展现和内强的力度。太极二章从下段防御开始，由攻中段和防上段技法组成。太极二章动作有格挡、直拳和前踢，结束于面部格挡。

(一)太极二章演武路线和准备姿势(图 5-2-1、图 5-2-2)

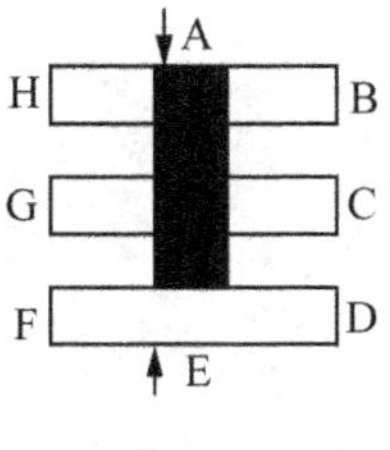

图 5-2-1

图 5-2-2

(二)具体动作规范

1. 左转身下截

身体左转成前行步站立，面向 B 方向；同时，左臂向左下方截击，右拳收于腰间。(图 5-2-3)

图 5-2-3

图 5-2-4

2. 右顺弓冲拳

右脚向前进一步成右弓步，同时，右拳向前内旋平冲，左拳回收于腰间。(图 5-2-4)

3. 后转身下截

以左脚掌为轴，身体后转 180 度，同时，右脚向 H 方向上一步成前行步；右臂向右下截击，左拳收于腰间。(图 5-2-5)

4. 左顺弓冲拳

左脚向前进一步或左弓步，同时，左拳向前内旋平冲，右拳收于腰间。(图 5-2-6)

图 5-2-5

图 5-2-6

5. 左转身内格

以右脚掌为轴，身体左转 90 度，面向 E 方向，同时，左脚向 E 方向移步；随即，右臂屈肘内旋内格，拳与胸高，拳心向自己，左拳收于腰间。(图 5-2-7)

6. 上右步内格

右脚向前进一步，同时，左臂屈肘向内横格，拳与胸高，右拳回收于腰间。(图 5-2-8)

7. 左转身下截

以右脚掌为轴，身体左转 90 度，同时，左脚向 C 方向移步，左臂左下截击，右拳置于腰间。（图 5-2-9）

图 5-2-7

图 5-2-8

图 5-2-9

8. 右前踢冲拳

左脚支撑，右腿屈膝上提，以膝关节为轴由屈到伸向前上方踢击，两臂屈肘自然置于体侧。右脚放松前落，成右弓步；同时，右拳向前内旋平冲. 右拳收于腰间。（图 5-2-10、图 5-2-11）

图 5-2-10

图 5-2-11

图 5-2-12

9. 右转身下截

以左脚掌为轴，身体向右后转 180 度，右脚向 G 方向移步，成前行步站立；同时，右拳下截，左拳收于腰间。（图 5-2-12）

10. 左前蹬冲拳

右脚支撑，左腿屈膝上提，以膝为轴由屈到伸向前上方踢击；两臂屈肘自然置于体侧。左脚放松前落，成左弓步；同时，左拳向前内旋平冲，右拳收于腰间。（图 5-2-13、图 5-2-14）

图 5-2-13

图 5-2-14

11. 左转身上架

以右脚掌为轴，身体左转 90 度，同时，左脚向 E 方向移步，成前行步站立；随即，左臂屈肘上架，横置于额前，右拳收于腰间。（图 5-2-15）

12. 进右步上架

右脚向前进一步，同时，右臂自下而上屈肘上架，横置于额前，左拳同收于腰间。（图 5-2-16）

图 5-2-15

图 5-2-16

13. 左后转身内格

以右脚掌为轴，身体左后转 270 度，同时，左脚向 F 方向移步；随即，右臂屈肘向内格挡。（图 5-2-17）

14. 右后转身内格

以左脚为轴，身体向右后转 180 度，右脚向 D 方向移步；同时，左臂屈肘向内格挡，右拳收回腰间。（图 5-2-18）

图 5-2-17

图 5-2-18

15. 左转身下截

以右脚掌为轴，身体左转，同时，左脚向 A 方向移步；随即左臂向左下截击，右拳收于腰间。(图 5-2-19、图 5-2-20)。

图 5-2-19

图 5-2-20

16. 右前踢冲拳

左脚支撑，右腿屈膝上提，以膝关节为轴由屈到伸向前 E 方向踢击；两臂屈肘置于体侧。右脚放松前落成前行步，同时，右拳向前内旋平冲，右拳收于腰间。(图 5-2-21、图 5-2-22、图 5-2-23、图 5-2-24)

17. 左前踢冲拳

右脚支撑，左腿屈膝上提，以膝关节为轴由屈到伸向前上方踢击；两臂屈肘自然置于体侧。左脚放松前落成前行步站立，同时，左拳向前内旋平冲，右拳收于腰间((图 5-2-25、图 5-2-26、图 5-2-27、图 5-2-28)。

图 5-2-21

图 5-2-22(左图的正面视角)

图 5-2-23

图 5-2-24(左图的正面视角)

图 5-2-25

图 5-2-26(左图的正面视角)

图 5-2-27

图 5-2-28(左图的正面视角)

18. 右前踢冲拳

左脚支撑，左腿屈膝上提，以膝为轴由屈到伸向前上方踢击；两臂屈肘自然置于体侧。右脚放松前落成前行步站立，右拳同时向前内旋平冲，随冲拳大喝一声：“停!”。左拳收于腰间(图 5-2-29、图 5-2-30、图 5-2-31、图 5-2-32)。

19. 收势

以右脚为轴，身体向左后转 180 度，两脚平行成准备势。(图 5-2-33)

图 5-2-29

图 5-2-30(左图的正面视角)

图 5-2-31

图 5-2-32(左图的正面视角)

图 5-2-33

第三节　太极三章

太极三章代表了太极八卦中“离”的思想。“离”的含义为如火与太阳一般的明亮。因此，太极三章都是富有活力的动作，由截击下段、前踢、正面攻击和防手刀等技术动作组成。演武路线是以移动重心为基础的。同时，手、脚及上体移动按一定的顺序进行，一方面可以用作防守，另一方面也可以锻炼进攻的敏捷性。

(一)太极三章演武路线和预备姿势(图 5-3-1、图 5-3-2)

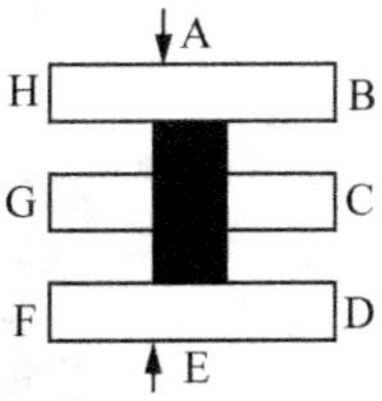

图 5-3-1

图 5-3-2

图 5-3-3

(二)具体动作规范

1. 左转身下截

以脚掌为轴，身体左转，转向 B 方向；同时，左臂向左下截击，右拳收于腰间。(图 5-3-3)

2. 右前踢右左冲拳

左脚支撑，右腿屈膝上提，以膝关节为轴由屈到伸向前上方踢击；两臂屈肘置于体侧。右脚放松前落，成右弓步；同时，右拳向前内旋平冲，左拳收于腰间。上肢动作不停，左拳向前内旋平冲，右拳回收于腰间。(图 5-3-4、图 5-3-5、图 5-3-6)

图 5-3-4

图 5-3-5

图 5-3-6

3. 后转身下截

以左脚掌为轴，身体向右后转 180 度，成前行步站立，右脚向 H 方向进一步。同时，右臂向右下截击，左拳回收于腰间。(图 5-3-7)

4. 左前踢左右冲拳

右脚支撑，左腿屈膝上提，以膝关节为轴由屈到伸向前上方踢击，两臂屈肘置于体侧。左脚放松前落，成左弓步；同时，右拳向前平冲，右拳收于腰间。上肢动作不停，右拳向前内旋平冲，同时，左拳外旋收回腰间。(图 5-3-8、图 5-3-9、图 5-3-10)

图 5-3-7

图 5-3-8

图 5-3-9

图 5-3-10

5. 左转身砍掌

以右脚掌为轴，身体左转 90 度，同时，左脚向 E 方向移步；成前行步站立；随即，右拳变手刀，由外向内横砍，高与颈齐，左拳收于腰间。(图 5-3-11)

6. 进右步砍掌

右脚向前进一步，左拳变手刀由外向内横砍，手刀高与颈齐，右拳回收于腰间。(图 5-3-12)

图 5-3-11

图 5-3-12

7. 右三七步外格

以右脚掌为轴，身体左转 90 度，同时，左脚向 C 方向上步，两腿屈膝，重心落于靠右腿的位置. 成右三七步；随即左手刀外旋成立刀向左外侧格挡，高与肩平，右拳收于腰间。(图 5-3-13)

8. 左弓步冲拳

左脚前进半步，成左弓步；同时，右拳向前内旋平冲，左手刀变拳收回腰间。(图 5-3-14)

图 5-3-13

图 5-3-14

9. 后转身左三七步外格

以左脚掌为轴，身体向右后转 180 度，面对 G 方向；同时，右脚略后撤，成左三七步，右拳变手刀由内向外横格，高与肩平。(图 5-3-15)

图 5-3-15

图 5-3-16

10. 右弓步冲拳

右脚向 G 方向前进半步，成右弓步；同时，左拳向前内旋平冲，右手刀变拳回收于腰间。(图 5-3-16)

11. 左转身内格

以右脚掌为轴，身体左转 90 度，同时，左脚向 E 方向移步，成前行步站立；右臂屈肘向内横格，拳心向自己，左拳收于腰间。(图 5-3-17)

12. 进右步内格

右脚向前进一步，成前行步站立，左臂屈肘向内横格，右拳回收于腰间。(图 5-3-18)

图 5-3-17

图 5-3-18

图 5-3-19

13. 左后转身下截

以右脚拳为轴，身体向左后转 270 度，面向 F 方向，同时，左脚向 F 方向移步，成前行步；左拳随势转向左下截击，右拳收于腰间。（图 5-3-19）

14. 右前踢右左冲拳

左脚支撑，右腿屈膝上提，以膝关节为轴由屈到伸，向前上方踢击；两臂屈肘置于体侧。右脚放松前落，成右弓步；右拳向前内旋平冲，左拳收于腰间。上肢动作不停，左拳向前内旋平冲，右拳回收于腰间。（图 5-3-20、图 5-3-21、图 5-3-22）

图 5-3-20

图 5-3-21

图 5-3-22

15. 右后转身下截

以左脚拳为轴，身体向右后转 180 度，同时，右脚向 D 方向移步，成前行步站立。右拳随体转向右下截击，左拳回收于腰间。（图 5-3-23）

16. 左前踢左右冲拳

右脚支撑，左腿屈膝上提，以膝关节为轴，由屈到伸直向前上方踢击；两臂屈肘置于体侧。左脚放松前落，成左弓步，左拳向前内旋平冲，右拳收于腰间。上肢动作不停，右拳向前内旋平冲，左拳回收于腰间。（图 5-3-24、图 5-3-25、图 5-3-26）

图 5-3-23

图 5-3-24(左图的正面视角)

图 5-3-25

图 5-3-26

17. 左转身下截冲拳

以右脚掌为轴，身体左转 90 度，面向 A 方向，同时，左脚向 A 方向移步；随即左拳向左下截击，右拳收于腰间。两脚不动，右拳向前内旋平冲，左拳收于腰间。(图 5-3-27、图 5-3-28、图 5-3-29、图 5-3-30)

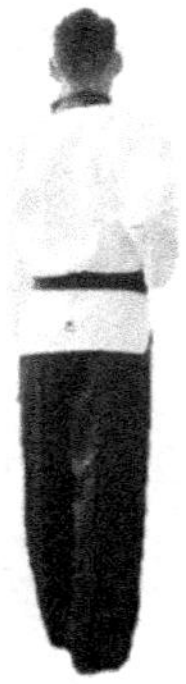

图 5-3-27

图 5-3-28(左图的正面视角)

图 5-3-29

图 5-3-30(左图的正面视角)

18. 进右步下截冲拳

右脚向前进一步，右拳向右下截击，左拳收于腰间。两脚不动，左拳向前内旋平冲，

右拳收于腰间。(图 5-3-31、图 5-3-32、图 5-3-33、图 5-3-34)

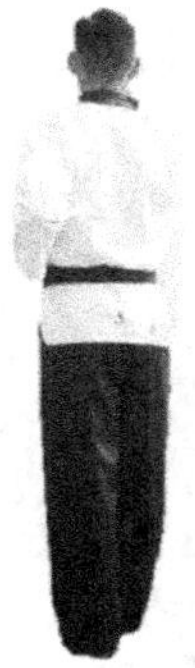
图 5-3-31

图 5-3-32(左图的正面视角)

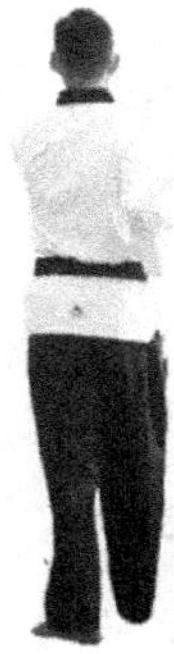
图 5-3-33

图 5-3-34(左图的正面视角)

19. 左前踢左截右冲

右脚支撑，左腿屈膝上提。以膝关节为轴，由屈到伸直向前上踢击；两臂屈肘置于体侧。左脚放松前落，成左前行步；左拳向左下截击，右拳收于腰间。两脚不动，右拳向前内旋平冲，左拳回收于腰间。(图 5-3-35、图 5-3-36、图 5-3-37、图 5-3-38、图 5-3-39、图 5-3-40)

图 5-3-35

图 5-3-36(左图的正面视角)

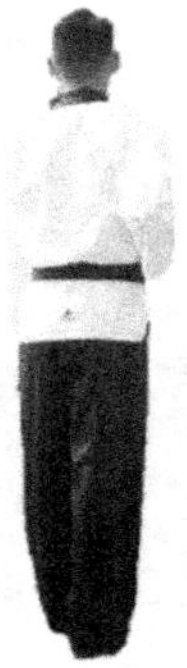
图 5-3-37

图 5-3-38(左图的正面视角)

图 5-3-39

图 5-3-40(左图的正面视角)

20. 右前踢右截左冲

左脚支撑，右腿屈膝上提，以膝关节为轴由屈到伸直向前上踢击；两拳置于体侧(图 5-3-41、图 5-3-42)。右脚放松前落，右拳向右下截击. 左拳收于腰间(图 5-3-43、图 5-3-44)。两脚不动，左拳向前内旋平冲，随冲拳大喝一声：“停!”右拳收于腰间。(图 5-3-45、图 5-3-46)

图 5-3-41

图 5-3-42(左图的正面视角)

图 5-3-43

图 5-3-44(左图的正面视角)

图 5-3-45

图 5-3-46(左图的正面视角)

图 5-3-47

21. 收势

以右脚掌为轴，身体向左后转 180 度，面向 E 方向，两脚开立，成准备势。(图 5-3-47)

第四节　太极四章

太极四章代表了太极八卦中“震”的思想。“震”的含义就是要时刻有警备及虔诚的态度，做到“泰山崩于前而色不变”般平静与勇敢。

这套型的动作包括防手刀、手刀进攻、插掌、接中段防守和侧踢等不同的技术动作。

中段外防被认为是比较高难的动作，不易准确运用，必须细心练习才能够熟练掌握和运用。同时，做侧踢动作时要注意保持身体重心。

(一)太极四章演武路线和预备姿势(图 5-4-1、图 5-4-2)

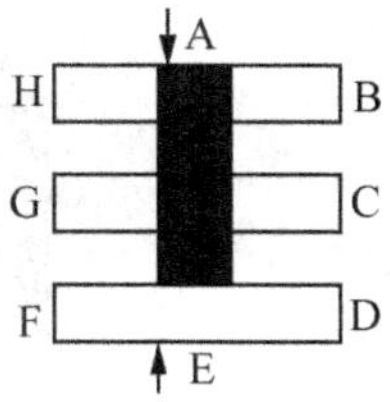

图 5-4-1

图 5-4-2

(二)具体动作规范

1. 左转身外截

身体左转 90 度，面向 B 方向，左脚向 B 方向移步，成右三七步；与此同时，两拳变手刀，左手刀向左侧外横截，与肩同高；右手刀置于胸前，手心向上。(图 5-4-3)

图 5-4-3

图 5-4-4

图 5-4-5

2. 右弓步插掌

右脚向前进一步，成右弓步；同时，左手掌向右下拍击对方的前踢，右手刀成插掌(贯手)向前插击，右臂伸直。(图 5-4-4)

3. 右后转身外截

以左脚掌为轴，身体向右后转 180 度，面向 H 方向，同时，右脚向 H 方向进一步，成左三七步；与此同时，右手刀向外横截，手心朝下，与肩同高；左手刀置于胸前，手心朝上。(图 5-4-5)

4. 左弓步插掌

左脚向前进一步，成左弓步，同时，右掌向左下拍击对方的前踢后屈肘横于胸前。左手刀成插掌向前插击，左臂伸直，指尖朝前。（图 5-4-6）

图 5-4-6

图 5-4-7

5. 左转身架砍

以右脚掌为轴，身体左转 90 度，面向 E 方向，同时，左脚向 E 方向移一步，成左弓步；左臂屈肘上架，横置于额前上方，右手刀向内横砍，手心朝上。（图 5-4-7）

6. 右前踢左冲拳

左脚支撑，右腿屈膝上提，以膝关节为轴由屈到伸直向前上踢去，两手刀变拳置于体侧。右脚放松前落，成前行步站立；左拳向前内旋平冲，右拳收于腰间。（图 5-4-8、图 5-4-9）

图 5-4-8

图 5-4-9

图 5-4-10

7. 左侧踢

以右脚掌为轴，右脚外旋约 180 度，身体随之右转并侧倾，同时，左腿屈膝上提，随转体向左侧上方由屈到伸直踢出，力达脚掌。两拳随屈肘自然置于体侧。（图 5-4-10）

8. 右侧踢右外截

左脚放松前落，随即以左脚掌为轴，身体左转 180 度，并略侧倾，同时，右腿屈膝上提，随左转体由屈到伸直向右前上方侧踢；两臂屈肘自然置于体前侧。右脚放松前落，成左三七步；同时，两拳变手刀，右手刀屈肘向外横截，高与肩平；左手刀置于胸前，手心朝上。（图 5-4-11、图 5-4-12）

图 5-4-11

图 5-4-12

9. 左后转身外截

以右脚掌为轴，身体向左后转 270 度，面向 F 方向，同时，左脚向 F 方向移步，成右三七步；与此同时，左手刀变拳随转体向外横截，拳心朝下，右手刀变拳回收于腰间。（图 5-4-13）

10. 右前踢内格

左脚支撑，右腿屈膝上提，以膝关节为轴由屈到伸直向前上方踢去；两臂屈肘置于体侧。右脚向后落地，左脚滑步略后撤，成右三七步；同时，右臂屈肘向内横格。拳心朝上，左拳收于腰间。（图 5-4-14、图 5-4-15）

图 5-4-13

图 5-4-14

图 5-4-15

11. 右后转身外截

以两脚为轴身体向右后转 180 度，面向 D 方向，同时，右脚外转，重心落于左脚，成左三七步；右臂屈肘向外横截，拳心朝下。（图 5-4-16）

12. 左前踢内格

右脚支撑，左腿屈膝上提，以膝关节为轴由屈到伸直向前上方踢击；两臂屈膝自然置于体侧。左脚向后放松落地，右脚向后滑步，成左三七步；同时，左臂屈肘向内横格，拳心朝上，右拳收于腰间。(图 5-4-17、图 5-4-18)

图 5-4-16

图 5-4-17

图 5-4-18

13. 左转身架砍

以右脚掌为轴，身体左转 90 度，面向 A 方向，同时，左脚向 A 方向移步，成左弓步；同时，两拳变手刀，左手刀屈肘横架于额前上方，右手刀向内横砍，手心朝上。(图 5-4-19、图 5-4-20)。

图 5-4-19

图 5-4-20(左图的正面视角)

14. 右前踢接内格

左脚支撑，右腿屈膝上提，以膝关节为轴由屈到伸直向前上方踢击；同时，两手刀变拳，屈肘放松置于体侧。右脚放松前落，成右弓步；同时，右臂屈肘向内横格，拳心朝上，左拳收于腰间。(图 5-4-21、图 5-4-22、图 5-4-23、图 5-4-24)

图 5-4-21

图 5-4-22(左图的正面视角)

图 5-4-23

图 5-4-24(左图的正面视角)

15. 左转身里格

以右脚掌为轴，身体左转，面向 G 方向，同时，左脚向 G 方向移步，成前行步站立；同时，左拳向内横格，拳心向上；右拳收于腰间。(图 5-4-25)

16. 前行步右冲拳

两脚不动，仍为左前行步站立，右拳向前内旋平冲，左拳回收于腰间。(图 5-4-26)

17. 右后转身外截

以两脚为轴向右后转体 180 度，面向 B 方面，成右前行步站立；同时，右臂屈肘外截，拳心朝上。(图 5-4-27)

图 5-4-25

图 5-4-26

图 5-4-27

图 5-4-28

18. 前行步左冲拳

两脚不动，仍以右前行步站立，左拳向前内旋平冲，右拳回收于腰间。(图 5-4-28)

19. 左转内格右左冲拳

以右脚掌为轴，身体左转 90 度，面向 A 方向，同时，左脚向 A 方向进一步，成左弓步；同时，左臂屈肘向内横格，拳心朝上。两脚不动，右拳向前内旋平冲，左拳回收于腰间。上肢动作不停，左拳向前内旋平冲，右拳回收于腰间。(图 5-4-29、图 5-4-30、图 5-4-31、图 5-4-32、图 5-4-33、图 5-4-34)

图 5-4-29

图 5-4-30(左图的正面视角)

图 5-4-31

图 5-4-32(左图的正面视角)

图 5-4-33

图 5-4-34(左图的正面视角)

20. 右弓步内格冲拳

左脚不动，右脚向前进一步，成右弓步；同时，右臂屈肘向内横格，拳心朝上，左拳回收于腰间。两脚不动，左拳向前平冲，右拳收于腰间。上肢动作不停。右拳向前平冲，左拳回收于腰间。上肢动作不停。左拳向前内旋平冲，随冲拳大喝一声：“停!”右拳回收于腰间。(图 5-4-35、图 5-4-36、图 5-4-37、图 5-4-38、图 5-4-39、图 5-4-40、图 5-4-41、图 5-4-42)。

21. 收势

以右脚为轴，身体左后转 180 度，面向 E 方向，两脚开立成准备势。(图 5-4-43)

图 5-4-35

图 5-4-36(左图的正面视角)

图 5-4-37

图 5-4-38(左图的正面视角)

图 5-4-39

图 5-4-40(左图的正面视角)

图 5-4-41

图 5-4-42(左图的正面视角)

图 5-4-43

第五节　太极五章

太极五章代表了太极八卦中“巽”的思想。“巽”的含义为风，代表了清静和威势，要注意演练时风格的变换，有时如微风拂面，有时又似暴风般猛烈。动作包括锤拳、肘击和背拳。

太极五章的动作开始时单调和安静，到了后半段，动作变得强劲有力。其中运用了锤拳、臂肘和足跟的技术动作。

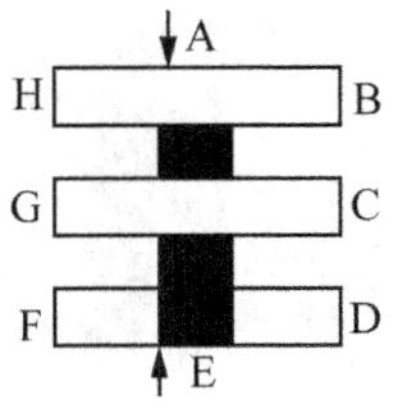

图 5-5-1

(一)太极五章演武路线和预备姿势(图 5-5-1、图 5-5-2)

图 5-5-2

图 5-5-3

(二)具体动作规范

1. 左转弓步下截

身体左转 90 度，面向 B 方向，左脚向 B 方向进一步，成左弓步；同时，左拳向左下截击，右拳收于腰间。(图 5-5-3)

2. 右转抡臂劈拳

以两脚为轴，身体右转 90 度，面向 E 方向，同时，左脚略左移，成开立步站立；左臂自左下向右、向上经脸前向左做直臂抡劈，至左侧平举位置，用锤拳劈击，目视左拳。(图 5-5-4)

3. 右转身弓步下截

身体右转 90 度，面向 H 方向，同时，右脚向 H 方向进一步，成右弓步；同时，右拳随转体向右下截击，左拳收回腰间。(图 5-5-5)

图 5-5-4

图 5-5-5

图 5-5-6

4. 左转右抡臂劈拳

身体左转 90 度，面向 E 方向，同时，右脚回撤，成开立步站立；右拳自右下向左、向上经由脸前直臂向右抡劈，至右侧平举位置，拳心朝前。(图 5-5-6)

5. 进步左右格拳

右脚不动，左脚向E方向进一步，成左弓步；同时，左拳向内横格. 拳心朝上；右拳回收于腰间。上肢动作不停，右拳由外向内横格，拳心朝上，左拳回收于腰间。(图 5-5-7、图 5-5-8)

图 5-5-7

图 5-5-8

6. 右前踢右左横格

左脚支撑，右腿屈膝上提，以膝关节为轴由屈到伸直向前上踢去；两臂屈肘自然置于体侧。右脚放松前落，成右弓步；同时，右拳由外向内横格，拳心朝上，左拳收于腰间。两脚不动，左拳由外向内横格，拳心朝上，右拳回收于腰间。(图 5-5-9、图 5-5-10、图 5-5-11)

图 5-5-9

图 5-5-10

图 5-5-11

7. 左前踢左右横格

右脚支撑，左腿屈膝上提，以膝关节为轴由屈到伸直向前上方踢击，两臂屈肘自然置于体侧。左脚放松前落，成左弓步；同时，左拳由外向内横格，拳心朝上，右拳收于腰间。两脚不动，右拳由外向内横格，拳心朝上，左拳收回腰间。(图 5-5-12、图 5-5-13、图 5-5-14)

图 5-5-12

图 5-5-13

图 5-5-14

8. 右弓步抄拳

右脚向前进一步，成右弓步；同时，右拳由下前向上方抄拳攻击，拳心朝上，左拳收于腰间。(图 5-5-15)

9. 左后转身外截

以右脚为轴，身体左后转 270 度，面向 F 方向，同时，左脚向 F 方向进一步，成右三七步；同时，左拳变手刀向外横截，右拳收于腰间。(图 5-5-16)

图 5-5-15

图 5-5-16

图 5-5-17

10. 右弓步摆肘

右脚向前进一步，成右弓步；同时，右臂屈肘夹紧，用肘尖由外向内摆击，左手附于右拳面。(图 5-5-17)

11. 右后转身外截

以左脚掌为轴，身体向右后转 180 度，面向 D 方向；同时，左脚向 D 方向进一步，成左三七步；右拳变手刀向外横截，左拳收于腰间。(图 5-5-18)

12. 左弓步摆肘

左脚向前迈进一步，成左弓步；同时，左臂屈肘夹紧，用肘尖由外向内摆击，右手附于左拳面。(图 5-5-19)

图 5-5-18

图 5-5-19

13. 左转身下截横格

以右脚掌为轴，身体左转 90 度，面向 A 方向，同时，左脚向 A 方向移步，成左弓步；同时，左拳向左下截击，右拳收于腰间。两脚不动，右拳由外向内横格，拳心朝上，左拳收回腰间。(图 5-5-20、图 5-5-21、图 5-5-22、图 5-5-23)

图 5-5-20

图 5-5-21(左图的正面视角)

图 5-5-22

图 5-5-23(左图的正面视角)

14. 右前蹬下截横格

左脚支撑，右腿屈膝上提，以膝关节由屈到伸向前上方踢击；两臂屈肘置于体侧。右脚放松前落，成右弓步；同时，右拳下截，左拳收于腰间。两脚不动，左拳由外向内横格，拳心朝上，右拳收于腰间。(图 5-5-24、图 5-5-25、图 5-5-26、图 5-5-27、图 5-5-28、图 5-5-29)

图 5-5-24

图 5-5-25(左图的正面视角)

图 5-5-26

图 5-5-27(左图的正面视角)

图 5-5-28

图 5-5-29(左图的正面视角)

15. 左转身弓步上架

右脚为轴身体左转 90 度，面向 H 方向，同时，左脚向 H 方向进一步成弓步；同时，左臂屈肘上架，横臂置于额前。(图 5-5-30)

16. 右侧踢接左击肘

以左脚掌为轴外旋 180 度，同时屈右膝上提，随身体左转右腿由屈到伸直，向右侧上方侧踢，脚尖勾紧，力达足跟，上体略右侧倾；两臂自然置于体侧。右脚迅速放松前落，成右弓步；同时，左臂屈肘夹紧，用肘尖由外向内摆击，右手附于左手处。(图 5-5-31、图 5-5-32)

图 5-5-30

图 5-5-31

图 5-5-32

17. 右后转弓步上架

以左脚掌为轴，身向右后转 180 度，面向 B 方向，同时，右脚向 B 方向进一步；右臂屈肘上架，横置于额前，左拳收同腰间。(图 5-5-33)

18. 左侧踢接右击肘

以右脚掌为轴外旋 180 度，身体右转略侧倾，同时，左腿屈膝上提由屈到伸直向左侧上方侧踢，脚尖勾紧，力达足跟；两拳自然置于体侧。左脚迅速放松前落，成左弓步；同时，右臂屈肘夹紧．用肘尖由外向内摆击，左手附于右手处。(图 5-5-34、图 5-5-35)

图 5-5-33

图 5-5-34

图 5-5-35

19. 左转身下截横格

以右脚掌为轴，身体左转 90 度，面向 A 方向，同时，左脚向 A 方向进一步，成左弓步；左拳下截，右拳收于腰间。两脚不动，右拳由外向内横格，拳心朝上，左拳收于腰间。(图 5-5-36、图 5-5-37、图 5-5-38、图 5-5-39)

图 5-5-36

图 5-5-37(左图的正面视角)

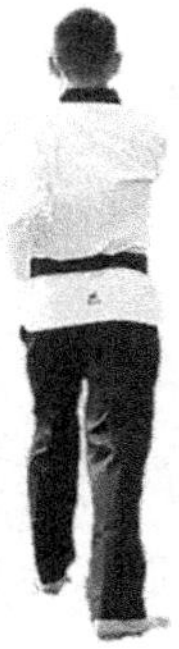

图 5-5-38

图 5-5-39(左图的正面视角)

20. 右前踢交叉步抄拳

左脚支撑，右腿屈膝上提，以膝关节为轴由屈到伸直向前上方踢击；两臂屈肘置于体侧。右脚放松下落，左脚向右脚后侧上步，脚尖落地，成交叉步；同时，右拳向前抄击，拳心朝上，左拳收于腰间，随抄拳击出大喝一声“停!”(图 5-5-40、图 5-5-41、图 5-5-42、图 5-5-43)

图 5-5-40

图 5-5-41(左图的正面视角)

图 5-5-42

图 5-5-43(左图的正面视角)

图 5-5-44

21. 收势

以两脚为轴身体左转 90 度，面向 E 方向，两脚开立步站立，成准备势。(图 5-5-44)

第六节　太极六章

太极六章代表了太极八卦中“坎”的思想。“坎”的含义是像水一般的柔软。其套路的表现应以柔为重点，突出万物生长以水为育的真理。动作包括躯干部位的向外格挡和五个手刀的脸部格挡动作。

(一)太极六章演武路线和预备姿势(图 5-6-1、图 5-6-2)

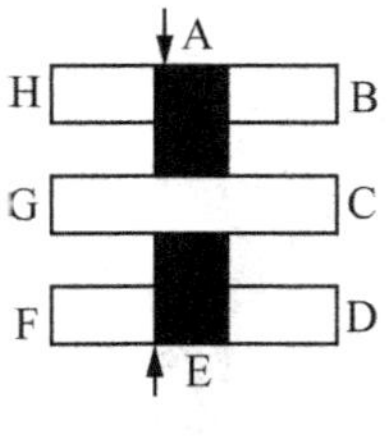

图 5-6-1

图 5-6-2

(二)具体动作规范

1. 左转身下截

身体左转 90 度，面向 B 位置，左脚向 B 方向进一步，成左弓步；同时，左拳向左下截

击，右拳收于腰间。(图 5-6-3)

图 5-6-3

图 5-6-4

图 5-6-5

2. 右前踢左横截

左脚支撑，右腿屈膝上提，由屈到伸直向前上方踢击；两手握拳置于体侧。右脚放松向后落步，左脚略回撤，成右三七步；同时，左拳由外向内横截，拳心朝上，右拳收于腰间。(图 5-6-4、图 5-6-5)

3. 右转身下截

以左脚掌为轴，身体右转 180 度，面向 H 方向；同时，右脚向 H 方向进一步，成右弓步；右拳随转体下截，左拳收于腰间。(图 5-6-6)

图 5-6-6

图 5-6-7

4. 左前踢右横截

右脚支撑，左腿屈膝上提，由屈到伸向前上方踢击；两臂屈肘置于体侧。左脚放松后落步，右脚略回撤，成左三七步；同时，右拳由外向内横截，拳心朝上，左拳收于腰间。(图 5-6-7、图 5-6-8)

5. 左转身弓步外截

以右脚掌为轴，身体左转 90 度，面向 E 方向，同时，左脚向 E 方向进一步，成左弓步；右拳变手刀向外横截，手心朝下，左拳收回腰间。（图 5-6-9）

图 5-6-8

图 5-6-9

图 5-6-10

6. 右横踢

左脚支撑，以左脚掌为轴左脚外旋约 90 度，右腿屈膝上提，随上体略转，右腿向前方横踢，脚面侧平，力达正脚背。两臂屈肘自然置于体侧。（图 5-6-10）

7. 左转身外截冲拳

右脚放松回落于左脚右侧. 身体左转 90 度，面向 C 方向，同时，左脚向 C 方向进一步，成左弓步；左臂屈肘外截，拳心朝下，右拳收于腰间。两脚不动，右拳向前内旋平冲，左拳收于腰间。（图 5-6-11、图 5-6-12）

图 5-6-11

图 5-6-12

8. 右前踢左冲拳

左脚支撑，右腿屈膝上提，由屈到伸直向前上方踢击；两臂屈肘置于腰间。右脚向前放松落步，成右弓步；同时，左拳向前内旋平冲，右拳收于腰间。（图 5-6-13、图 5-6-14）

图 5-6-13

图 5-6-14

9. 右后转身外截冲拳

以左脚掌为轴，身体向右后转 180 度，面向 H 方向，同时，右脚向 H 方向进一步，成右弓步；右拳外截，拳心朝下，左拳收回腰间。两脚不动，左拳向前内旋平冲，右拳收回腰间。(图 5-6-15、图 5-6-16)

图 5-6-15

图 5-6-16

10. 左前踢冲拳

右膝支撑，左腿屈膝上提，由屈到伸直向前 E 方踢击；两拳置于体侧。左脚迅速放松前落，成左弓步；同时，右拳向前内旋平冲，左拳收于腰间。(图 5-6-17、图 5-6-18)

图 5-6-17

图 5-6-18

11. 左转身上架下截

以左脚掌为轴，身体左转 90 度，面向 E 方向，同时，左脚向左侧移半步，成开立步站位；两臂由下向上交叉架于额前，左臂在前，右臂在后。两脚不动，两拳同时由上向左右下方截击，置于体侧，拳眼朝前。（图 5-6-19、图 5-6-20）

图 5-6-19

图 5-6-20

12. 右弓步横截

右脚向前进一步，成右弓步；同时，左拳变手刀由内向外横截，掌心朝下，右拳收于腰间。（图 5-6-21）

13. 左横踢

右脚支撑，以脚掌为轴外旋约 90 度，同时，左腿屈膝上提，由屈到伸直向前方横踢；两臂屈肘放松置于体侧。（图 5-6-22）

图 5-6-21

图 5-6-22

图 5-6-23

14. 右后转身下截

左脚放松下落靠近右脚，身体向右后转 270 度，面向 D 方向，同时，右脚向 D 方向进一步，成右弓步；右拳向右下截击，左拳收于腰间。（图 5-6-23）

15. 左前踢右外截

右脚支撑，左腿屈膝前提，由屈到伸直向前上方踢击；两拳置于体侧。左脚向后放松落步，右脚略回撤，成左三七步；同时，右拳外截，左拳收于腰间。(图 5-6-24、图 5-6-25)

图 5-6-24

图 5-6-25

16. 左后转身下截

以右脚为轴，身体向左后转 180 度，面向 F 方向，同时，左脚向 F 方向移步，成左弓步；左拳下截。右拳回收于腰间。(图 5-6-26)

17. 右前踢左外截

左脚支撑，右腿屈膝上提，由屈到伸直向前上方踢击；两臂屈肘置于体侧。右脚放松向后落步，左脚略回撤，成右三七步；同时，左拳向外横截，右拳收于腰间。(图 5-6-27、图 5-6-28)

图 5-6-26

图 5-6-27

图 5-6-28

18. 左转身外截

左脚为轴，身体左转 90 度，面对 E 方向，同时，右脚向 E 方向移步(左脚右后侧)，成右三七步；与此同时，左拳变手刀由内向外横截，右拳变手刀置于胸前，手心朝上。(图 5-6-29)

19. 退左步外截

左腿向后退一步，成左三七步；同时，右拳变手刀由内向外横截，左手刀置于胸前，手心朝上。(图 5-6-30)

20. 退右步按掌

右脚向右后退一步，成左弓步；同时，左手刀旋臂屈肘下按于腹前，手心朝下，右手刀变拳回收于腰间。(图 5-6-31)

图 5-6-29

图 5-6-30

图 5-6-31

21. 左弓步右冲拳

两脚不动，右拳向前内旋平冲，左手刀变拳回收于腰间。(图 5-6-32)

22. 退左步按掌

左脚向左后侧退一步，成右弓步；同时，右拳变手刀屈肘旋臂下按于腹前，手心朝下，左拳收于腰间。(图 5-6-33)

图 5-6-32

图 5-6-33

23. 右弓步左冲拳

两脚不动，左拳向前内旋平冲，右拳回收于腰间。随左冲拳大喝一声："停!"(图 5-6-34)

图 5-6-34

图 5-6-35

24. 收势

右脚后撤半步和左脚平行，成开立步准备势。(图 5-6-35)

第七节　太极七章

太极七章代表了太极八卦中“艮”的思想。“艮”的含义是山，正如兵法中讲的“其疾如风，其徐如林，侵掠似火，不动如山”。套路中应注意表现出山一般的厚重稳定，在练习中应注意动作的节奏。其中有很多技法，比以前的动作要复杂和困难得多，要认真演练。

(一)太极七章演武路线和预备姿势(图 5-7-1、图 5-7-2)

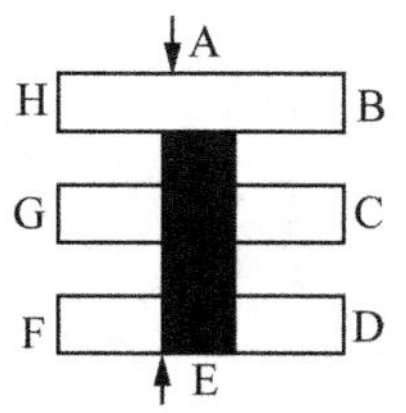

图 5-7-1

图 5-7-2

(二)具体动作规范

1. 左转身手刀内截

身体左转 90 度，面对 B 方向，成左虚步(猫足立)；同时，右拳变手刀向内拍击，高与

胸平，掌心朝左，左拳收于腰间。（图 5-7-3）

图 5-7-3

图 5-7-4

图 5-7-5

2. 右前踢左内截

左脚支撑，右腿屈膝上提，由屈到伸直向前上方踢击；两臂屈肘置于体侧。右脚向后落步，成左虚步；同时，左臂由外向内截击，拳心朝里，右拳收于腰间。（图 5-7-4、图 5-7-5）

3. 右后转身手刀内截

以左脚掌为轴，身体右后转 180 度，面向 H 方向，同时，右脚虚点地面成右虚步；左拳变成手刀向内击拍，至胸前，掌心朝右，右拳收于腰间。（图 5-7-6）

4. 左前踢右外截

右脚支撑，左腿屈膝上提，由屈到伸直向前上方踢击；两臂屈肘置于体侧。左脚向后落步，成右虚步；同时，右拳外截，拳心朝前，左拳收于腰间。（图 5-7-7、图 5-7-8）。

图 5-7-6

图 5-7-7

图 5-7-8

5. 左转身下截

身体左转 90 度，面向 E 方向，同时，左脚向 E 方向移步，成右三七步；与此同时，两拳变手刀，左手刀向下砍击，手心向下；右手刀屈肘置于胸前. 手心朝上。（图 5-7-9）

6. 进右步下截

右脚向前上步，成右三七步；同时，右手刀向下砍击，手心朝下，左手刀屈肘置于胸前。(图 5-7-10)

7. 左转身右掌按击

身体左转 90 度，面向 C 方向，同时，左脚向 E 方向移步，成左虚步；右掌用底掌向前下拍击，掌心朝下；左掌置于右臂下，掌心朝下。(图 5-7-11)

图 5-7-9

图 5-7-10

图 5-7-11

8. 左虚步右抄拳

两脚不动，右掌变拳向前上方抄击，拳面冲前，拳心朝上。(图 5-7-12)

9. 右后转身左掌按击

以左脚为轴，身体向右后转 180 度，面向 G 方向，成右虚步；同时，左拳变底掌向前下按击，右拳变掌置于左臂下，掌心朝下。(图 5-7-13)

10. 右虚步左抄拳

两脚不动，左掌变拳向前上方抄击，拳面冲前，拳心朝上。(图 5-7-14)

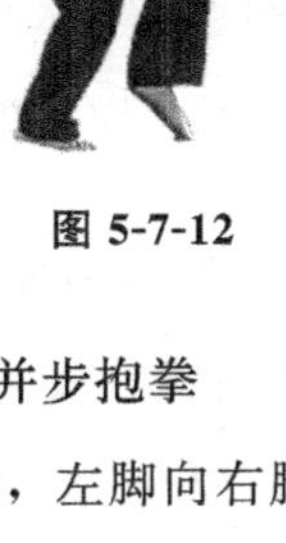

图 5-7-12

图 5-7-13

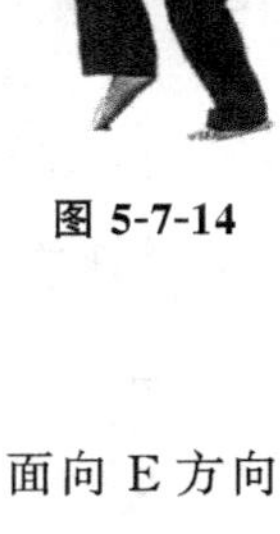

图 5-7-14

11. 左转并步抱拳

右脚不动，左脚向右脚并拢，同时身体直立向左转体 90 度，面向 E 方向；同时，右手

握拳屈肘置于胸前，左手包在右拳外面。（图 5-7-15）

图 5-7-15

图 5-7-16

图 5-7-17

12. 左弓步上格下截

左脚向前进一步，成左弓步；同时，左手掌握拳向上格挡，拳心朝里，右拳向下截击。两脚不动，右拳向上格挡，左拳向下截击．拳心均朝里。（图 5-7-16、图 5-7-17）

13. 右弓步上格下截

右脚向前进一步，成右弓步；同时，右手拳向上格挡，拳心朝里，左拳向下截击。两脚不动，左拳向上格挡，右拳向下截击，拳心均朝里。（图 5-7-18、图 5-7-19）

14. 左后转身双冲拳

以右脚掌为轴，身体向左后转 270 度，面向 F 方向，同时，左脚向 F 方向移步，成左弓步；两拳自腰间向前上方同时冲击，拳心朝下。（图 5-7-20）

图 5-7-18

图 5-7-19

图 5-7-20

15. 顶右膝叉步双抄拳

左脚支撑，两手抓住对方的衣襟（模拟）用力下压，同时，右腿屈膝上提，用膝关节向上顶击。右脚向前落地，左脚随即跟步，落于右脚的右后侧，脚尖着地成交叉步；同时，两臂外旋，两拳同时向前抄击，力达拳面，拳心朝上。（图 5-7-21、图 5-7-22）

图 5-7-21

图 5-7-22

图 5-7-23

16. 退弓步(右)交叉下截

右脚不动，左脚向后退一步，成右弓步；同时，两臂腕部交叉，右臂在外，拳心均向里，向前下作交叉截击防守。(图 5-7-23)

17. 右后转身双冲拳

以左脚掌为轴，身体右后转 180 度，面向 D 方向. 同时，右脚向 D 方向进一步，成右弓步；两拳由腰间向前上方冲击，力达拳面，拳心朝下。(图 5-7-24)

18. 顶左膝叉步双抄拳

右脚支撑，两手抓住对方的衣襟(模拟)用力向下压，同时。左腿屈膝上提，用膝关节向上顶击。左脚向前落地，右腿随即跟步，落于左脚的左后侧，脚尖着地成交叉步；同时，两臂外旋，两拳同时向前抄击，力达拳面，拳心朝上。(图 5-7-25、图 5-7-26)

图 5-7-24

图 5-7-25

图 5-7-26

19. 退弓步(左)交叉下截

左脚不动，右脚向后退一步，成左弓步；同时，两臂腕部交叉，右臂在外，拳心均向里，向前下作交叉截击防守。(图 5-7-27)

20. 左转身冲拳

以右脚为轴，身体左转 90 度，面向 A 方向，同时，左脚向 A 方向上步，成前行步；

同时，左拳立拳向前冲击，拳心向内，右拳收于腰间(图 5-7-28、图 5-7-29)。

图 5-7-27

图 5-7-28

图 5-7-29(左图的正面视角)

21. 右横踢顶右肘

左脚支撑，右腿屈膝上提，由屈到伸直向前方横踢；两臂屈肘自然置于体侧。右脚放松前落，成侧向马步；同时，右臂屈肘夹紧，用肘尖向 A 方向顶击，左手掌附于右臂上助力。(图 5-7-30、图 5-7-31)

图 5-7-30

图 5-7-31

22. 前行步冲拳

右脚不动，左脚稍回收，成前行步；同时，右拳立拳向前冲击，左拳收于腰间(图 5-7-32、图 5-7-33)。

图 5-7-32

图 5-7-33(左图的正面视角)

23. 左横踢顶左肘

右脚支撑，左脚屈膝上提，由屈到伸直向前做横踢冲击；两拳置于体侧。左脚放松前落，成侧向马步；同叫，左臂屈肘，用肘尖向 A 方向顶击，右手附于左前臂上。(图 5-7-34、图 5-7-35)

图 5-7-34

图 5-7-35

24. 马步外截

两脚不动，左拳变手刀向外横截，右拳收于腰间。(图 5-7-36)

图 5-7-36

25. 马步冲拳

以左脚掌为轴，右脚向 A 方向上一步，成侧向马步；同时，右拳向 A 方向半冲，并随冲拳大喝一声；“停!”左拳收于腰间。(图 5-7-37、图 5-7-38)

图 5-7-37

图 5-7-38(左图的正面视角)

图 5-7-39

26. 收势

以右脚为轴，身体左后转 90 度，面向 E 方向，两脚平行开立，成准备势。(图 5-7-39)

第八节　太极八章

太极八章意味着八卦中的“坤”。坤象征着大地，大地是万物生长的根源。太极八章既是有级者的最后课程. 同时也是入段后的第一课程。凡是能够入段的人，说明其基本技术已经很熟练。因此，太极八章是将以前的基本技术经过整理后重新复习一次，所以练习时重复动作减少，但动作变化增多。

(一)太极八章演武路线和预备姿势(图 5-8-1、图 5-8-2)

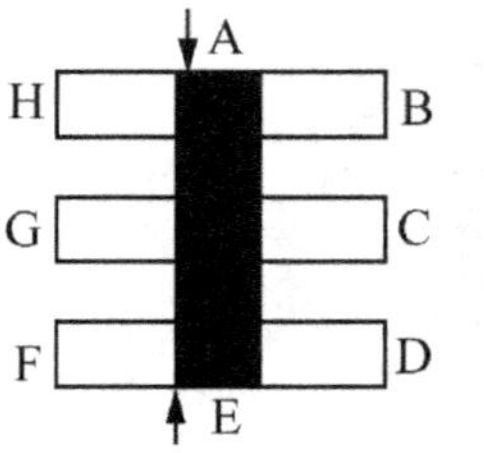

图 5-8-1

图 5-8-2

(二)具体动作规范

1. 进步左格右冲

右脚不动，左脚向前(E 方向)进一步，成左三七步；同时，左拳向左外侧格挡，右拳置于腰前。身体重心前移，成左弓步，右拳顺势向前平冲，左拳回收于腰间。(图 5-8-3、图 5-8-4)

图 5-8-3

图 5-8-4

2. 腾空右前踢

右腿屈膝上摆，同时左脚蹬地起跳，身体腾空，右腿屈膝上提；两臂放松置于体侧。左腿由屈到伸直向前上方踢击，踢击过头；两臂自然置于体侧。（图 5-8-5、图 5-8-6）

图 5-8-5

图 5-8-6

3. 左弓步外截冲拳

腾空前踢后右脚、左脚依次落地，左脚前落成左弓步；同时，左拳屈肘外截，拳心朝上，右拳收于腰间。两脚不动，右拳向前内旋平冲，左拳回收于腰间。上肢动作不停，左拳向前内旋平冲，右拳收回腰间。（图 5-8-7、图 5-8-8、图 5-8-9）

图 5-8-7

图 5-8-8

图 5-8-9

4. 右弓步顺冲拳

右脚向前进一步，成右弓步；同时，右拳向前内旋平冲，左拳收回腰间。(图 5-8-10)

5. 左后转上格下截

以右脚掌为轴，身体向左后转 180 度，面向 A 方面，同时，左脚向 F 方向落步，成右弓步；右臂屈肘自内向外上格挡，拳与头同高，左拳向左下截击，与髋同高。(图 5-8-11)

6. 左转身弓步抄拳

身体左转 90 度，面向 F 方向，重心前移成左弓步；同时，右拳由下向前上方抄击，拳心朝上；左臂屈肘，左拳置于胸前。(图 5-8-12)

图 5-8-10

图 5-8-11

图 5-8-12

7. 叉撤步上格下截

左脚向右脚右侧进一步，成交叉步，面向 A 方向；同时，两臂屈肘外旋，两拳向身两侧分格，拳心向里。上肢动作不停。右脚向 D 方向上一步，成左弓步；同时，右臂屈肘，向右下方截击，与胯同高，左臂向左上格挡，拳与头同高。(图 5-8-13、图 5-8-14)

图 5-8-13

图 5-8-14

8. 右转身弓步抄拳

身体右转 90 度，而向 D 方向，成右弓步；同时，左臂屈肘，左拳由 F 向前上方抄击，右拳屈右臂横置于胸前。(图 5-8-15)

9. 左后转三七步外截

以左脚掌为轴，身体向左后转 270 度，面向 D 方向，同时，右脚向 A 方向退一步，成右三七步；同时，左拳变手刀向外横截，右拳变手刀置于胸前，手心朝上。(图 5-8-16)

10. **右脚不动，左脚向前移半步，成左弓步**

右脚不动，左脚向前移半步，成左弓步；同时，右手刀变拳向前内旋平冲，左手刀变拳回收于腰间。(图 5-8-17)

图 5-8-15

图 5-8-16

图 5-8-17

11. 左前踢虚步下截

左脚支撑，右腿屈膝上提，由屈到伸直向前上方踢击；两臂屈肘自然置于体侧。右脚放松落 F，靠近左脚，左脚向 A 方向退一步成右虚步；同时右拳下截，左拳收于腰间。(图 5-8-18、图 5-8-19)

12. 左转身虚步外截

右脚掌为轴，身体左转 90 度，左脚向 C 方向移步，成左虚步；同时，两拳变手刀，左手刀向外横截，右手刀置于胸前。(图 5-8-20)

图 5-8-18

图 5-8-19

13. 左前踢弓步冲拳

右脚支撑，左腿屈膝上提，由屈到伸直向前上方踢击；两手自然置于体侧。右脚放松前

落，成左弓步；同时，右手握拳顺势向前内旋平冲，左拳收于腰间。（图 5-8-21、图 5-8-22）

14. 左虚步手刀内拍

右脚不动，左脚略回撤，成左虚步；同时，左拳变手刀由外向内拍击，拍至胸前；右拳回收于腰间。（图 5-8-23）

图 5-8-20

图 5-8-21

图 5-8-22

图 5-8-23

15. 右后转虚步外截

以左脚掌为轴，身体向右后转 180 度，面向 G 方向，成右虚步；右拳变手刀向外横截，左手刀置于胸前，手心朝上。（图 5-8-24）

图 5-8-24

图 5-8-25

16. 右前踢弓步冲拳

左脚支撑，右脚屈膝上提，由屈到伸直向前上方踢击；两手刀自然置于体侧。右脚放松前落，成右弓步；同时，左手刀变拳向前顺势内旋平冲，右手变拳收回腰间。（图 5-8-25、图 5-8-26）

17. 右虚步手刀拍击

左脚不动，右脚略回撤，成右虚步；同时，右拳变手刀由外向内拍击，手刀朝内，左拳回收于腰间。（图 5-8-27）

图 5-8-26

图 5-8-27

18. 右转身三七步下截

以左脚掌为轴，身体右转 90 度，面向 A 方向，右脚向 A 方向移步，成左三七步；同时，右掌变拳向下截击，左拳收于腰间。（图 5-8-28、图 5-8-29）

图 5-8-28

图 5-8-29

19. 双飞前踢

右脚支撑，左腿屈膝上提，由屈到伸直向前上方踢击；两臂屈肘自然置于体侧。左脚前踢伸直的瞬间，右脚蹬地起跳，身体腾空，在空中两腿交换，右腿屈膝上提，由屈到伸直向前上方踢击，左脚向下落地。（图 5-8-30、图 5-8-31、图 5-8-32、图 5-8-33）

图 5-8-30

图 5-8-31(左图的正面视角)

图 5-8-32

图 5-8-33(左图的正面视角)

20. 右弓步里格冲拳

左、右脚依次放松落地，右脚前落成右弓步；同时，右拳由外向内格挡，拳心朝上，左拳收于腰间。两脚不动；左拳向前内旋平冲，右拳收于腰间。(图 5-8-34、图 5-8-35、图 5-8-36、图 5-8-37)

图 5-8-34

图 5-8-35(左图的正面视角)

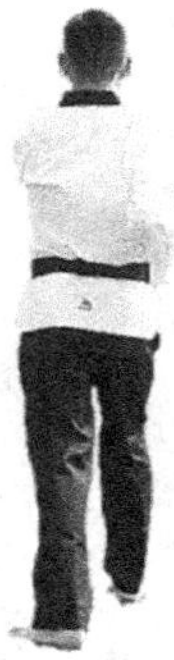

图 5-8-36

图 5-8-37(左图的正面视角)

21. 左右转身三七步外截

以右脚掌为轴，身体左后转 270 度，左脚向 B 方向移步，成右三七步；同时，左拳变手刀向外横截。(图 5-8-38)

22. 左弓步摆肘

左脚向前上半步，成左弓步；同时，右臂屈肘夹紧，用肘尖由外向内摆击，左手刀变拳收于腰间。(图 5-8-39)

图 5-8-38

图 5-8-39

23. 左弓步右抄左冲

两脚不动，仍成左弓步；右拳向前上方抄击，力达拳面，拳心朝上。上肢动作不停，两脚不动。左拳向前内旋平冲，右拳回收于腰间。(图 5-8-40、图 5-8-41)

图 5-8-40

图 5-8-41

24. 右后转身三七步外截

两脚为轴，身体右后转 180 度，面向 H 方向；右脚略回撤，成左三七步；同时，右拳变手刀向外横截，左拳收于腰间。（图 5-8-42）

25. 右弓步摆肘

右脚向前上半步，成右弓步；同时，左臂屈肘夹紧，用肘尖由外向内摆击，右手刀变拳收回腰间。（图 5-8-43）

图 5-8-42

图 5-8-43

26. 右弓步左抄右冲

两脚不动；左拳向前上方抄击，力达拳面，拳心朝上，右拳收于腰间。两脚仍不动，上肢动作不停。右拳向前内旋平冲，左拳收回腰间。（图 5-8-44、图 5-8-45）

图 5-8-44

图 5-8-45

图 5-8-46

27. 收势

左脚向右脚并拢，右拳回收于腰间，以双脚为轴向左转体 90 度，面向 E 方向成准备势。（图 5-8-46）

（三）品势教学与练习要遵循的原则

一个完整的品势应具有开始姿势和结束姿势，即套路要完整；严格按照图谱中的方向和基本姿势进行教学和练习，方法要准确，动作要规范，精神要贯注，讲解要清楚；掌握不同类型攻防动作的力量和变化速度，准确控制每一个动作，根据动作的变化和身体的感觉控制和调整好身体姿势和位置关系，保持身体的自然平衡；了解并掌握每一个动作的真正用意，练习时要想象实战的具体用法，同时以声催力，随发力动作发出洪亮短促的喊声；持久练习，逐步提高，真正掌握，融会贯通。

思考与练习

1. 什么是跆拳道品势？它都包括哪些内容？
2. 试述跆拳道各品势的精神内涵。
3. 简析跆拳道太极八章品势的演练风格。
4. 跆拳道品势学练中的原则及要求是什么？

第六章
跆拳道教学

本章要点

本章共六节，介绍了跆拳道教学的目标与任务，对跆拳道教学方法、阶段、步骤及教学计划的制定进行了详细阐述。

本章重点与难点

重点：跆拳道教学方法。

难点：跆拳道教学计划的制定。

跆拳道教学是指在教师指导下，学生逐渐掌握动作技术和技能的过程。跆拳道教学过程中还要对学生进行教育，培养高尚的道德情操和顽强的意志，开发其智力，全面发展其身体形态、机能和素质。

跆拳道的教学要根据教学任务、教材特点、学生实际、作业条件等具体情况合理安排教学顺序。在技术动作教学中，应遵循教学基本要求和技能形成理论，结合跆拳道的特点，正确选择和运用教学方法完成教学任务。教师应充分发挥主导作用，学生应表现出积极性与主动性。

第一节　跆拳道教学的目标与任务

一、跆拳道教学的目标

通过跆拳道的教学实践，促进学生身体的全面发展，增强其身体机能，提高运动素质。在教学中，结合跆拳道的特点，加强组织性、纪律性教育，培养勇敢顽强、积极拼搏、迎难而上的意志和作风，使学生成为德智体全面发展的社会主义建设者。

二、跆拳道教学的基本任务

掌握与提高跆拳道基本理论知识、基本技术和基本战术；提高身体素质，改善身体技能，增强体质；使学生初步具有跆拳道的教学、训练、竞赛、裁判和科研等工作能力；培养学生良好的思想道德品质，勇猛、顽强的战斗意志。上述任务是相互联系、相互影响、共同完成的。教学任务是教学工作的首要问题，明确任务，采取有效方法，付诸实践，才能达到一定的教育目的。

第二节　跆拳道教学的内容与方法

一、教学内容

主要包括品势(套路)、竞技(实战)、防身术、特技、跆拳道舞、跆拳道基本理论知识及竞赛规则等。

二、教学方法

教学方法是教师为了实现教学目标，完成教学任务，在教学过程中运用的方式与手段的总称，也是各项教学原则的具体体现，直接影响着教学任务的完成。

跆拳道教学应根据教学任务、教材特点、学生实际、场地条件等具体情况合理安排教材顺序，在进行技术动作教学时，应遵循教学原则的基本要求和运动技能理论，结合跆拳道运动的特点，正确选择和运用教学方法去完成教学任务。

(一)讲解与示范法

1. 讲解

讲解能使学生端正学习态度，明确学习任务，启发积极思维，加深对教材的理解，对培养学生分析问题和解决问题的能力，完成教学任务具有重要意义。讲解是学生正确认识教学内容的基本方法。

讲解的基本要求是简明扼要，通俗易懂；生动形象，富有启发性；注意层次和时机。

讲解的内容：

(1)动作名称。动作名称是教学中首先要让学生了解的，解释动作名称时，可以把武术、空手道中动作相似但名称不同的项目进行比较，使学生加深对动作名称的理解，以便熟记，同时还能拓展知识面，培养兴趣。

(2)动作方法。讲解动作的起始点、路线、发力点等，可边示范边讲解。简单介绍动作的攻防作用，激发学生兴趣，活跃课堂气氛。

(3)动作要领和要点。对于较难的动作，一定要讲清动作的要领和要点，以便学生接受。对此，教师需要在教学中多总结经验，在正常训练时注意从更深的角度观察理解技术动作的内在规律。

(4)动作节奏。初学跆拳道时，学生容易只注意每一动作的发力效果，造成动作不连贯不协调，所以讲解时，要多强调动作的轻重缓急，让学生们理解只有处理好动作的节奏层次，才能把技术运用得完美、精确。

(5)易犯错误。练习前，要让学生了解容易犯的错误动作，提高学生对正误的识别能力。

(6)练习方法。要让学生了解从掌握动作到动作定型所需要的一些基本练习法，如原地空击、分组配对击靶等。

除上述几点外，教师要注意讲解的方式和技巧，如边讲解边示范、形象化讲解等。教师要善于用语言技巧集中学生的注意力，既让学生加深理解，又不长篇大论，从而保证讲解的预期效果。

2. 示范

教师(或指定学生)以准确的动作进行范例，使学生了解所要学习的动作和结构、要领和方法。正确的示范不仅可使学生直观地看，还可提高学生的学习兴趣，激发学生学习的自觉性积极性，所以示范对教学效果有重要的作用。示范的内容有：

(1)示范动作要正确。示范时配合讲解，必须作出正确的动作，包括手型、步型、身姿、手法、腿法以及攻防用法等。

(2)完整示范与分解示范相结合。对于简单的动作，一般作完整示范，对于复杂的组合动作，除完整示范外，还要分解示范，便于学生对每个动作的细节进行观察。

(3)慢速与快速示范相结合。有的动作正常完成的速度很快，为了便于学生观察学习，需要放慢速度，或把关键环节慢速示范。

(4)易错动作的示范。使学生通过对比，对正确动作建立深刻的概念，在练习中避免错误。

(5)示范位置的合理选取。位置的选择，是以全体学生清楚地看到老师的示范为原则的。教师的示范位置可以是横队前的等边三角形的顶点。若是四列横队，也可以让前面一、二列学生坐下或蹲下，让后排的学生都能看清。或者让前两列学生向后转，中间留出一定的空地，教师站在中间；还可以使队伍站成半圆形，教师在圆心位置示范。总之要使学生都能看到教师(或指定的学生)的示范动作。另外，在示范时，教师还可以根据跆拳道的运动方向站在练习队形的左前方或右前方。

(6)示范面的选择。示范面包括镜面示范、背向示范、侧面示范及不同角度的斜面示范。为了让学生看清动作，要根据不同动作的需要，采用不同的示范面；即使同一个动作也可采用几种不同示范面来教学。例如示范左直拳，既可做镜面示范，让学生看清动作的路线、力点的位置；也可做背面示范，让学生看清动作发力的要领；还可侧面示范，让学生看清发力时重心的位置。

(7)领做。在初学新的动作时，教师在示范讲解之后，最主要的便是通过领做来进行示范。领做示范应特别注意位置的选择和示范的速度。示范位置要使学生尽可能地看到，以便模仿，掌握技术动作的运动路线、方法和姿势。领做的速度，通常开始较慢，姿势偏高，用力不大，以利于学生观察和模仿。随着动作的逐渐熟练，逐步加速加力至正常的动作要求。

(8)示范与讲解相结合。示范和讲解是不可分割的，往往两者结合起来运用。有时可先讲解后示范，有时也可先示范后讲解，有时还可以边讲解边示范。一般来说，对水平较低的学生以示范不主，对水平较高的学生以讲解为主。同时还要根据教材的难易来决定。

(9)多媒体教学。为了帮助学生建立正确的动作概念，尤其是当示范不能充分显示动作的结构、过程、关键与细节的时候(如动作过程过快、结构复杂、动作在空中进行不能停留等)，可采用挂图、照片、视频等直观方式，对于加深教材理解、分析动作要领和体会实战攻防意识，提高教学效果有重要意义。

（二）练习法

在教学中，每个动作都必须经过学生亲身实践，反复练习，才能消除各种错误与缺点，进而掌握、巩固、提高所学知识、技能。组织练习的形式一般有个人练习、分组练习和集体练习。

1. 个人练习

学生人数多时，可采用个人原地重复练习，人少时，可依次练习，让学生独立体会刚学过的内容。在进行基本功和基本动作练习时，可采用个人轮流练习，如将学生分成几路纵队，每队的排头开始向同一方向重复练习完定量的动作后，后面的人依次轮流练习，练完的人在间歇时应观摩别人的练习，互相学习，取长补短。

2. 分组(或分排)练习

一般在教完本课的内容后，教师提出要求，由组长带领本组同学到指定场地进行分组练习，可两人一组，一人练习，一人“喂引”脚靶或观摩、评论；也可组长领做或指挥全组练习。这样学生既可以独立思考，反复体会动作，又可以互相观摩学习，分析纠正动作，取长补短。分列练习是指在教师的指挥下，单列练习，双列观摩，轮流重复，在练习的间歇，互相指点，纠正动作。这种练习形式能节省时间，保证重复练习的数量和一定的运动负荷，又能提高学生分析动作的能力，培养团结互助的精神。

3. 集体练习法

在教师领做和口令手势的指挥下，学生分组统一练习所学的内容。教师注意观察学生练习中存在的缺点或错误，除了再讲解、示范外，还可采用有针对性的辅助练习来改进和纠正。

4. 纠错法

当学生在学习中出现错误时，教师应及时发现和纠正。一般方法是：由于接受能力和协调性差而出现错误时，要耐心地采用分解动作、慢速示范、多领做等方法帮助纠正；由于肌肉感觉差而不能控制动作时，教师可以强调规范和要求，帮助其纠正，还可以发动学生互相帮助纠正；由于身体的某些素质差而做不好动作，教师应采取相应的措施，强化学生体能，使其逐步完成动作。不能因急躁而挫伤学生的积极性；由于怕出危险而做不好动作时，教师可采用一定的保护，分解练习或者逐步加大难度，让学生放心体会动作要领，逐步克服错误；由于不理解动作的性质和作用而出现错误时，教师可根据动作的性质，用攻防相克的方法来启发诱导，帮助纠正。

总之，纠正动作错误时，教师要善于抓住共性，组织学生集体会诊，发挥大家的智慧，启发其分析错误的因果关系，以点带面地解决普遍性的问题。还要善于发动学生互相识别错误和纠正错误。

第三节　跆拳道教学的阶段与步骤

根据人的认识规律、教学规律和跆拳道技术动作的特点，分阶段进行教学，能使学生有序地、连贯地、系统地学习和掌握知识和技能。

一、跆拳道教学阶段

(一)基础教学阶段

进行跆拳道的基本功、基本动作和专项素质的教学。基础教学一般以拳法、腿法以及脚步动作为基础，要求学会动作，明确动作规范，掌握练习方法，发展专项身体素质，提高身体的适应能力。

(二)巩固动作阶段

在巩固第一阶段的基础上，利用辅助器械反复练习各种技术动作，进一步巩固动作规范，提高动作质量，在动作速度、击打力度和组合运用上下大功夫。

(三)对抗实战阶段

利用教学比赛，进行对抗实战。进一步巩固和提高跆拳道比赛中各种技术的运用能力，经过反复的实战锻炼，达到能够在比赛中灵活合理运用技术的目的，为正式的比赛积累经验和创造条件。

划分阶段是为了便于确定各个阶段所要解决的主要任务，在教学实践中，每个阶段累积相连，不能截然分开。

二、跆拳道教学步骤

跆拳道比赛技术动作中每一项都是独立的，具有独立的规范、攻防特点和组合规律，因此在教学过程中为了提高效果，必须遵循一定的步骤和规律，根据动作的生理学规律，使学生有层次地掌握动作，从弄清每一个动作的规格特点、运动形式、进攻用法及组合规律入手，逐步全面地掌握技术动作。从初学到熟练掌握动作，一般可分为六个步骤。

(一)建立感性认识

通过示范、多媒体等首先使学生对所学动作有一个感性认识，对动作的外在形式有一个基本的印象，并知道动作名称。

(二)弄清动作的方向路线

每一个技术动作都是向一定的方向运用的，因而要弄清每一个动作的攻防路线。

(三)掌握动作规范

这一步的基本任务是在学生已经弄清了动作方向的基础上，进一步学习并掌握每一个动作的规范和要求，通过老师的示范讲解把全过程慢化分解，使学生弄清楚动作的每一个环节。

(四)完整动作学习

这一步的基本任务是让学生掌握完整的动作，在前述分解教学的基础上，教师示范、领做动作要连贯完整，要求每一个学生都能独立完整地按规范要求完成所学动作，而且要求用力顺达、合理。

(五)动作的用法和特点

向学生讲解动作本身的特点、使用方法、变化规律和组合规律，使学生体会这些方面的技巧，达到形意合一。

(六)巩固运用

经过反复练习，将前五个步骤所掌握的动作逐步巩固，抓住主要环节，及时纠正错误，最终达到学习掌握、灵活运用的目的。跆拳道动作技术包含的因素多，要根据学生接受能力和素质水平有所侧重。

第四节　跆拳道教学的计划

工作计划是用来控制、指导和检查教育工作的重要依据。

跆拳道教学计划包括教学大纲、教学进度和教案(课时计划)，这些是长期教学实践中总结出来的行之有效的方法。正确地制订多种教学计划是顺利地进行教学工作的根本保证。各种教学计划的制订如下。

一、教学大纲

教学大纲是根据培养目标制定的纲要，系统地列出了该门课程的学习内容、深度和分量，是教师进行教学工作最核心的指导性文件。

（一）教学大纲的结构与制定

教学大纲一般由说明和正文两部分构成。说明必须明确提出教学方面的目标和本课程的任务和要求，扼要阐明编制大纲的主要原则。正文要系统地列出全部教学内容的纲目或课题提要、时数的分配、考核内容与方法以及完成教学任务的主要措施。有的教学大纲后面还要列出参考文献目录。

（二）制定教学大纲的基本要求

要从实际出发，落实教学计划所规定的培养目标和要求，明确提出跆拳道教学的总任务。根据跆拳道运动的特点，抓住跆拳道运动的基本理论知识、主要的技术、战术内容，要主次分明，注意科学性，系统性和实用性，也要注意教材内容的更新。合理分配教学时数，注意理论与实践应有适当的比例，要符合跆拳道教学任务的要求。考核内容应把重要的基本的教材作为重点，考核方法能客观的全面地反映学生掌握的理论知识、技术和技能的真实水平，评分办法应科学合理。

二、教学进度

教学进度要根据教学大纲的任务、内容和时数来分配，具体落实每次课中教材内容的安排。教学进度安排的本身也是教学法的反映，在很大程度上关系着教学的效果，对完成教学任务和课程的组织都有重要意义。

（一）教学进度的格式

教学进度的格式，最常用的有两种，分别如下。

表 6.1　符号式教学进度表

编号	教学内容	教学时数	出现次数	课　次

制定符号式教学进度表时，把各类教材按编号顺序列入教学内容栏内，按教材出现的顺序填写课次栏的各课次，从而反映出每次课教材安排的顺序和数量。

表 6.2　名称式教学进度表

课次	教学内容	组织教法	备　注
1			
2			

名称教学进度是按课次的顺序将各类教材内容的名称填入表内的教学内容栏，在组织教法一栏中，填写该课的课型、重点教材、组织上和教材上的意见，其他事项可以填入备注栏内。

(二)制定和安排教学进度的基本要求

1. 全面安排、突出重点

教学进度应根据总的教学任务和跆拳道运动技能形成的规律，全面安排教学大纲规定的教材内容，突出重点。重点内容应安排在适应的位置，适当增加出现的次数，要体现整个教学过程的系统性和科学性。

2. 加强技术技能的学习，学以致用

跆拳道教学进度的安排，要由易到难循序渐进，纵横交错，合理搭配，把基本技术与技能结合起来，并融为一体，才能学以致用。

3. 理论与实践要密切配合

理论课与实践课要科学安排，密切配合，本着理论指导实践的精神，根据不同阶段的任务、要求，有针对性地安排理论课的教学，使理论联系实际，既要有利于指导实践，也要有助于在实践中获得的感性认识及时上升到理性认识，达到相互促进。

4. 注意分量

在教学进度中，必须从课的特点出发，要控制每次课的内容分量，不可过多，也不可太少，每次课要合理搭配不同性质的内容，有新学的内容，也有复习的内容。

5. 内外结合，提高能力

跆拳道教学进度安排还要考虑到课内外结合，校内外结合。如组织竞赛与裁判能力、教学能力的培养与提高，不仅要在课内、校内进行，还需要通过课外、校外的实践，才能得到更多的锻炼，以利于学生各方面实际能力的提高。

三、课时计划

教案是教师经过备课，以课时的形式编制出的具体实施的教学方案。

教案的编制是根据教学进度，从学生的实际情况出发，考虑进行课程的条件、时间以及教材内容分量与课程之间的联系，提出课时的基本任务、内容安排与搭配组合，正确选择教法手段。教案是教师上课的具体依据，它能帮助教师总结经验。

(一)教案的格式

教案的格式与写法，多种多样，跆拳道教学中经常采用的大都是表格式教案，但也会用到条文式教案。表格式教案需要认真备课，填写表格各栏，特别是教学的内容与组织教法两栏，应按课的部分分别有序填写，小结应在课后进行填写。这种教案格式适用于实践课。

条文教案按课的进行顺序用文字加以叙述。除填写表格中规定的项目外，实践课按课的任务与课的组织进行顺序叙述。理论课按课题提出课的任务，以讲授提纲与组织教法，讲授讲稿与课时分配的形式进行叙述。

(二)编写教案的基本要求

1. 具体规定课的任务

每一节课，教师都要根据培养目标的要求、教学进度的安排、教材内容的性质、学生的实际情况提出一定的教学任务，任务要明确具体，有所侧重，便于检查教学的效果。如某些重点教材，在不同的课次可以分别拟定“初步掌握”“基本掌握”“改进提高”“熟练掌握”“初步运用”等具体任务。在提出教学任务时，要有针对性，切合实际。

2. 钻研与处理教材

教师对每一种教材都应认真钻研，善于分析教材的性质及在教学中的主次地位，正确运用教学方法与技术，系统而又连贯地选用练习和确定其分量，既要抓住教材的要点、还要考虑学生的基础和接受能力，以利于学生缩短掌握教材的进程。

3. 注意课程之间的联系

在编制教案时，必须考虑本课的任务内容与前后课次的联系、教材之间的联系，特是跆拳道技术与技术、技术与技能、技能与技能之间的联系，同时也要从学生掌握知识、技术的实际情况出发。这样才有助于教师连贯地运用适当的教法、手段，完成每一次课的教学任务。

第五节　跆拳道教学的组织形式

组织跆拳道教学的基本形式是上课。上课是学生按固定的班级人数和制定的课程表进行学习的教学过程。

跆拳道课的类型是根据主要教学任务划分的，可分为理论课和实践课。理论课是向学生传授跆拳道的知识、技能、原理和规律，使理论指导实践，以讲授为主。实践课又叫技术课，其任务一是向学生传授跆拳道知识，增强学生体质；二是进行技术动作的练习，掌握跆拳道的技巧；三是掌握教学技能，为今后应用服务。这种实践课是以练习为主，讲练结合，精讲多练的课。因此，一般应遵循认识规律、人体机能活动变化的规律、动作和技能形成的规律。而实践课的教学环节，是指课的基本组成部分及各部分进行的顺序和时间分配。一般可分为三段式或四段式。跆拳道实践课三段式的组成如下。

一、课的准备部分

(一)目的

使学生从理论上、心理上尽快进入教学状态，为顺利地解决基本部分和全课的任务作准备。

(二)主要任务

组织学生明确课的基本任务，集中注意力。使神经系统、内脏器官群活动起来，进入兴奋状态。

(三)内容

教学的组织是由整队长、班(队)长或值日生向教师报考出席人数，请教师上课，教师进行考勤检查，师生互相敬礼，简要地讲解本课的任务、内容要求，布置见习生的作业。教学准备活动有走步、跑、轻松跳、徒手体操、活动性游戏等。

就课的组织方法而言，一般要采用集体作业形式，教师要引导学生进入教学活动，在逐步提高学生集体工作能力的同时，也要重视思想教育工作。课堂准备活动应有针对性、全面性。准备活动的时间一般是15～20分钟，根据整个课的时间及学生的身体训练程度、气候条件等，可以略有增减。

二、课的基本部分

(一)目的

使学生学会、巩固、改进跆拳道技术、技能，提高身体素质，培养道德品质。

(二)主要任务

根据教学进度安排，使学生掌握和改进跆拳道技术技能，同时进行道德品质的培养。

(三)内容

根据教学进度安排的内容，结合学生的具体情况，选择相应地各种教学方法及手段，组织适宜的练习。为了掌握和改进技术，可以做基本动作练习；为了掌握和改进技能，可以通过脚靶、护具进行有条件的攻防练习；为了发展并提高学生的身体素质，可以做不同的专门性和准备性练习及辅助性或诱导性练习；为了提高运用技术的能力，可以组织教学比赛，提高跆拳道实战的能力。

要合理安排教材内容的学习顺序。一般来讲，先学习技术或技能(即新教材)，然后巩固和改进已学过的技术或技能(即复习或提高教材)，再进行教学的比赛或进行身体素质的专门练习。所选择的练习方法和手段要根据课的任务、具体情况及时间分配、场地、器材。考虑教材内容本身的联系和教材内容之间的关系，要循序渐进，由简入繁，逐渐增加技术动作的数量、速度、难度等。教师要善于调整运动量。变换练习形式、增减练习的时间和次数、改变练习的间隙，从而提高或降低课的密度和强度。基本部分可占时长 65～80 分钟，占全课时的 75%。

三、课的结束部分

(一)目的

有组织地结束教学工作。

(二)主要任务

使学生逐渐恢复到相对的安静状态，进行课的小结。

(三)内容

一般根据基本部分最后一个内容的性质、练习强度和进度，选择一些降低运动员负荷的练习，如慢跑按摩、放松走步、放松练习、较平静的活动性游戏、简单的注意力练习等。进行简短扼要的小结，指出完成技术总的情况和练习中最典型的错误及消除错误的方法。还要布置课外作业以预备下次学习内容。

一般结束部分学习集体进行，要力求准确地对本课完成任务情况作出恰当的评价，要善于激发鼓励学生进一步学习的愿望、热情和信心。结束部分的时间是 5～10 分钟。

跆拳道课程教学的四段式是把准备部分分成开始部分和准备部分，基本部分和结束部分不变。需要指出的是，无论是三段式还是四段式，理论课一般都是在课堂进行教学的，理论课与实践课是相辅相成，互相促进的关系。

此外，还有一种常采用的作业形式——独立作业。教师向学生提出任务与要求，由学生独立去完成作业，教师最后进行检查。独立作业能培养学生的自觉性、主动性、学习责任感，克服个人在学习中的不足和发展个人某些特长。独立作业可以安排在课内进行，但更多的是在课外进行。独立作业也可以是小组作业。

第六节　学习成绩的考核

学习成绩考核是教学工作的重要组成部分，根据教学大纲所规定的考核内容与方法，在教学的各个阶段和结束时，都必须进行考核。它能促进学生的积极性，检查教学的效果。由于教学任务不同，考核内容、方法、标准、要求也有所区别，有所侧重。教师只有不断积累考核的材料，加以分析，才有助于提高教学工作的质量。

一、考核目的

学习成绩考核的目的在于合理而准确地评价学生掌握跆拳道理论、技术与技能的实际水平，促进学生勤学苦练，同时，也是检查教师的教学效果，改进教学方式和方法，提高教学质量的重要依据。

二、考核内容

跆拳道教学考核内容的选择，主要根据教学大纲所规定的考核内容和方式，针对不同年级、不同教学阶段的要求，选择那些最基本的、常用的重点技术、战术和基本的理论知识作为考核的基本内容。组织竞赛与裁判等艺术技能。

三、考核方法

(一)技术、技能的考核方法

1. 技术评定

技术评定是根据学生完成技术动作的质量进行评分。技评是否客观、准确，重要的是考核前将所要进行考核的技术(包括单个动作和组合动作)，按其动作结构分为若干个环节，然后根据每个环节完成的情况，按 10 分制恰当而合理地确定得分标准。考核时，教师必须先根据学生动作完成的质量和每个环节出现错误的性质及程度进行评分，然后计算其实际得分，评定其成绩。

对低年级学生来说，首先强调基本技术的规范化，考核应以基本技术为主。对高年级学生的技评考核，以技术的运用能力为主。

2. 达标测试

达标是通过性测试的一种方式。根据学生完成技术动作的快慢、力量的大小(即功力)和正确性，按一定要求制定评分表，引入100分制，也可以采用五等级制(优、良、中、及格、不及格)，但等级的确定应符合统计学的原理和学生的实际情况。达标方法既适用于单个技术动作考核，也适用于组合技术的考核。

(二)理论的考核方法

理论考核主要采用笔试和口试两种方法。

1. 笔试

笔试分开卷和闭卷两种。闭卷主要是考核学生对需要记忆的理论知识掌握的程度。开卷主要是考核学生运用所学理论知识分析和解决问题的能力。前者适用于低年级学生，后者适用于高年级学生。

2. 口试

口试的方法适用于各年级学生。低年级的学生可以通过课堂提问的形式进行，高年级学生可以通过专题答辩的形式进行。通过口试可以真正了解学生掌握理论知识的深度和广度、分析问题和解决问题的能力以及语言表达能力。

3. 课外作业

这是一种理论与实践相结合的方法。通过这种方法让学生独立完成一些实际工作，从而了解学生的理论水平和实际工作能力。

(三)基本技能的考核方法

学习跆拳道的学生要进行基本技能的培养与考核。考核的方法主要通过跆拳道教学实习、组织竞赛与裁判工作实习、课外作业(加工编写教学文件、竞赛规程、编排比赛程序等)等方式进行，根据学生实际工作能力评定成绩。

四、学习成绩考核工作的基本要求

要加强思想教育，使学生正确对待考核，严格遵守考试纪律；要从实际出发，根据培养目标的要求和学生的具体情况，注意区别对待，正确选择考核的内容和方法；要在教学的开始，就告诉学生本门课程的考核内容、方法与要求，并进行身体素质、技术的摸底测试；积累原始资料，为制定适宜的考核标准和检查教学效果收集合理的参考资料；考核结束后，要仔细核对每个学生各项考核的成绩。对理论、技能的评定分数比例要合理，然后对学习总成绩进行评定。

思考与练习

1. 什么是跆拳道教学？

2. 跆拳道的教学目标是什么？基本任务是什么？

3. 跆拳道教学中什么情况下要使用完整示范法？什么情况下使用分解示范法？

4. 跆拳道教学中常用的练习方法有哪些？

5. 跆拳道练习中易犯错误的原因和纠错方法有哪些？

6. 跆拳道教学分为哪几个阶段，哪几个步骤？

7. 跆拳道实践课由哪几个部分组成？各部分的主要任务是什么？

第七章
跆拳道训练

本章要点

本章共五节，详细介绍各种素质训练的方法、手段和技巧，明确训练计划的重要性，并对不同阶段训练计划的制订进行了阐述。

本章重点与难点

重点：跆拳道各项素质训练的方法。

难点：跆拳道训练计划的制订。

第一节　体能训练

运动员体能是指运动员身体的基本运动能力。运动员体能发展水平是由身体形态、身体机能及运动素质三者共同决定的，三者相对独立又密切联系、互相影响又彼此制约，其中任何一项因素发生变化都会影响体能的整体水平。这其中，运动素质是核心，是体能的外在表现，在身体训练中多以发展各种运动素质为基本内容。

体育运动中，不同的运动项目都有区别于其他项目的体能需要。在跆拳道体能训练中，只有深刻理解跆拳道项目对体能训练的特殊要求才能有针对性地、科学地进行训练内容的设置、组织与安排，保证训练的实效性。

跆拳道作为技能主导类格斗性项目，要求运动员具有全面的体能素质，即身体要有良好的爆发力、较好的耐力、符合竞技需要的柔韧度、高水平的灵敏度。因此，运动员在训练过程中应保证各素质训练的均衡性，不可过分偏重某一项的发展。

一、力量训练

力量是指人体肌肉系统在工作时克服或对抗阻力的能力。跆拳道练习与竞技中需要的力量包括运动员的肢体末端击打力、下肢移动力(步法)、良好的传递与衔接力。跆拳道对人体力量训练的要求是上述三方面的协调发展。而随着力量研究的不断深入，有关专家已经把力量的传递与衔接训练作为高水平运动员必须掌握的训练科目。

(一)力量的训练方法

1. 最大力量的训练

最大力量是指肌肉通过最大收缩克服阻力时所表现出来的最高力值。跆拳道中最大力量主要体现在进攻过程中肢体末端的击打上。运动生理学指出，最大力量的训练应主要从两方面着手，一方面要提高神经系统运动中枢的同步兴奋能力，改善运动中枢间机能协调能力；另一方面要增粗肌原纤维，增大肌纤维的收缩力。跆拳道运动中要求选手的体重控制在所属级别中，因此，在最大力量训练中，较多采用提高神经系统运动中枢的同步兴奋能力和改善运动中枢间机能协调能力来实现训练目的，如在技术动作训练中要求运动员要注意以自身最大速度、最大力量发力；而在完成动作后肢体应随即完全放松；要注意全身肌群的协同发力。在提高肌原纤维的维度来提高最大力量时，则应该注意不使其影响运动员所在的体重级别，一般局部肌肉横截面积较小者可选择此种方式提高肌肉最大力量。

2. 快速力量的训练

快速力量是指肌肉快速发挥力量的能力，是力量与速度的有机结合。快速力量是跆拳道运动员首要具备的力量素质，是运动员在竞赛中主要应用的力量能力之一。

(1)徒手训练。采用克服体重进行的各种素质训练及专项技术训练。如单双脚跳、台阶跳、收腹跳、蛙跳、左右提膝跳、屈腿跳、分腿跳、连续双飞踢、左右快速横踢等。根据运动员训练水平及训练的目的可安排 4～7 组，10～15 次/组，为练习安排的组数，以不减少每组重复次数、不降低每次练习的速度为原则，不宜过多。在强调爆发力的同时应注意用极限或接近极限的速度来完成。

(2)负重训练。利用沙袋、绑腿沙袋、橡皮筋、杠铃等器材进行训练。负重负荷在30%～45%，可负重进行各种基础素质训练及各种专项动作训练，如负重高抬腿、负重提膝、负重冲刺跑、负重屈腿跳等。也可以负重做各类腿法的专项技术训练，如借助橡皮筋的专项技术训练等。

组数与次数可计数或计时。计数一般每组重复次数为8～12次，重复6～8组；计时一般为6～10秒/组，重复4～8组。注意在练习中应不降低每组最后一次练习的速度，以此标准可适当增减练习次数或组数。

组间应有充分的休息时间，可1～3分钟或2～5分钟休息一次，以保证运动员充分休息，但又不降低神经系统的兴奋性为原则。

3. 力量耐力训练

力量耐力是指肌肉长时间克服阻力的能力。跆拳道运动中要求运动员具有多次重复完成技术动作的能力。因此在进行力量耐力训练时，多采用接近比赛实际技术动作的形式，而练习的条件、环境等要素也应接近实际比赛。

(1)动力性重复训练法。在动作结构上、运用条件等方面力求与实际比赛接近。比如，采用空击、踢靶、踢沙袋、两人模拟攻防等练习。练习的负荷强度为比赛强度或超过比赛强度10%～30%。训练时间控制在30～120秒，重复4～7组，组间间歇应注意使肌体恢复至初始水平。

(2)循环训练。是指将各训练方法编组进行循环练习。循环训练法一般为4～8站，总持续时间为25～35分钟，重复3～5组。循环训练法通常采用单个动作或组合动作的快速重复练习作为每一站的内容。可以运用大强度(最大力量负荷的50%～80%)间歇循环提高专项肌肉耐力，运用低强度(最大力量负荷的30%～50%)间歇循环发展全身一般性耐力。

循环训练法各站训练内容应根据运动员训练水平进行科学安排，做到全面发展身体各部分的力量耐力。训练中可以通过减少每组或全部训练时间以及提高固定时间里重复次数来提高负荷，也可以通过心律(每分钟降低到130次)数值来控制间歇时间。

4. 核心力量训练

“核心力量训练”是近年来体能训练中被经常使用的概念，是现代体能训练的一种，是利用各种训练器材和训练方法来提高运动员的“核心力量”，进而提高运动员的竞技能力。核心力量的概念，最早是由康复和健身领域引入的，是指人体核心部位(腰椎—骨盆—髋关节)的肌肉产生力量的能力。近年来，核心力量训练在竞技体育训练中越来越引起人们的关注，对其研究也已经在各个领域不断展开。

相关研究表明，核心力量训练对运动员专项能力的提高有明显作用，可以促进其运动链的构建，改善控制力和平衡力，提高能量输出，提高肢体协调性、降低能量消耗、预防运动损伤等。

目前国内外核心力量的训练方法主要有不平衡器械训练、悬吊训练、弹力带训练、绳索滑轮训练、滑板训练等。而核心力量训练中的关键要素则是强调使运动员的身体处于一种连接不平衡不稳定的状态，通过调整不稳定的身体状态，达到训练神经—肌肉系统的平衡、强化控制能力和身体感觉的目的。

跆拳道的核心力量训练可以根据不同目的进行设计。下面分别从核心力量的徒手练习、瑞士球练习及身体平衡控制三部分来做介绍。

(1)徒手练习法。包括仰卧屈膝抬髋、单腿俯身伸臂平衡、直臂跪式单腿支撑、俯姿肘撑平衡、侧姿肘撑、仰姿桥撑、屈膝盘腿仰卧起坐、实心球仰卧起坐转腰等。每次训练要求 3～4 组，每组持续时间为 15～20 秒。

(2)瑞士球训练。瑞士球训练方法较多，先介绍一些基本方法，教练员可结合跆拳道项目专项特点设计更多的训练方法。包括：坐球前行、仰卧瑞士球起身、背枕瑞士球单腿支撑、俯卧瑞士球抬双腿、俯姿臂撑直身滚瑞士球等。训练要求 3～4 组，每组持续时间为 15～20 秒。

(3)身体平衡控制能力训练。包括平衡垫站立、平衡板单腿蹲、球撑箭步蹲、平衡垫俯卧撑、跪球平衡等。训练要求 3～4 组，每组持续时间为 15～20 秒。

(二)力量训练要求

要注意大小肌群快速力量素质的协调发展。在训练中既要注意单个动作快速力量的发展，更要注意组合动作快速力量的训练。因为跆拳道运动员在提高最大力量时应计算体重因素，所以相对力量的评定成为力量素质评定的主要方法，教练员可以在限制运动员体重的情况下促进其最大力量的提高。需要注意的是，核心力量训练要逐步提高每一阶段核心训练的动作等级，循序渐进地提高动作难度，动作要由易到难，由简单到复杂，逐步变化。

二、速度训练

速度素质是指人体具有的快速运动的一种能力，包括反应速度、动作速度、位移速度。速度素质的好坏对跆拳道运动员的实战有决定性作用，对运动员能否在比赛中自由地运用技战术具有极大的影响。跆拳道比赛中，反应速度、动作速度、位移速度是基础。而瞬时的复杂反应速度是在此基础上的高级素质，其决定运动员最终的水平。

(一)速度的训练方法

1. 简单反应训练

通过听、看信号进行简单反应训练，如报号击靶、移动听哨击靶。练习强度应保持在比赛强度的 90％～100％。练习时间为 10～30 秒，应使运动员处于适宜的兴奋状态。间歇一般为 2～3 分钟，保证运动员既要恢复，又不降低神经系统的兴奋性。

2. 复杂反应训练

复杂反应训练是指为应对对手在比赛中的攻防行为所采取的训练。训练主要使队员形成灵敏捕捉对手攻防意图和有效应用不同技战术的能力。复杂反应训练是在简单反应训练的基础上来进行的。训练方法包括三个步骤：观察对手攻守方式，准确判断对方攻防意图；在预判基础上使用简单进攻或反击等动作；在上述基础上增加多种攻守技术组合。练习强度应保持在比赛强度的90%～100%，时间为10～20秒，间歇一般为2～3分钟，保证运动员既要恢复，又不降低神经系统的兴奋性。

3. 动作速度训练

包括单位时间内快速完成单个技术动作或组合动作；如负重条件下的动作训练、橡皮筋辅助练习、音乐节奏下的技术训练、缩小训练场地迫使运动员提高动作速度等。练习强度应保持在比赛强度的90%～100%，练习时间为5～20秒，间歇一般为2～3分钟。

（二）速度素质训练的要求

速度素质训练应该注意与专项训练的高度结合。由于跆拳道运动中技战术的应用主要依靠视觉系统，因此运动员的反应速度训练中应主要提高视觉反应能力训练。而动作速度的训练要主要提高复杂反应速度。速度的训练一般安排在训练课前半部进行，以保证运动员情绪饱满，兴奋性高。应注意尽早预防可能产生速度障碍的因素；如过早地片面发展绝对速度；基础训练不足；技术不达标；训练手段单一，刺激减弱；负荷过度、恢复不好等。如已经发生速度障碍，应使用助力法使运动员突破现有障碍。

三、耐力训练

耐力是指机体坚持长时间运动的能力。耐力一般分为有氧耐力与无氧耐力两种。跆拳道竞技比赛对抗激烈，而赛制通常要求运动员在一天内必须完成参赛级别的全部比赛。男女比赛均为三局，比赛时间为每局3分钟(女子为2分钟)，局间休息1分钟。因此，跆拳道运动员在长时间大强度的比赛中要保持特定的运动强度和攻防技术，就必须具有良好的耐力。

（一）有氧耐力的训练方法

有氧耐力训练可采用持续训练法和间歇训练法。采用持续训练法时训练强度较小，心律控制在145～170次/分，此训练强度对提高运动员心脏功能，改善肌肉的供血能力都有较大意义。

1. 越野跑

运动中心律控制在150次/分，时间为30～60分钟。为避免枯燥环境的影响，最好在自然环境中进行锻炼。

2. 台阶跑

选取连续长台阶，每组进行15～20分钟，共做2～3组，组间休息3～5分钟。

3. 跳绳

采取匀速法跳绳。每组进行10～15分钟，共做2～3组，组间休息3～5分钟。

4. 空击及打靶

采用多种进攻与防守技术进行练习，要求动作快速、连贯、协调、间歇时间短。每组练习时间为2～3分钟，每次训练做5～8组，间歇时间为1分钟。

5. 车轮战

训练队员一人连续不间歇的与其他队员进行实战或条件实战，一般应连续进行3～5局，每局2～3分钟。局间休息1分钟。

(二)无氧耐力的训练方法

无氧耐力训练强度大，一次训练持续时间为1～2分钟，训练的组数应确保运动员最后一组练习也能以规定的负荷强度完成。运动员心律应在170次/分以上。

1. 间歇跑

60～100米、100～400米间歇跑，以提高非乳酸能和乳酸能系统混合供能能力，提高速度耐力。

2. 间歇法专项技术练习

快速提膝训练、快速连续双飞等，时间为15～60秒。

3. 打靶训练

通过自由组合的实战动作来进行练习。时间为1～2分钟，每次训练做3～6组，间歇时间以心律降至130次/分为宜。

(三)耐力训练的要求

1. 应根据不同时长耐力的供能方式来进行训练

跆拳道训练中应明确有氧、无氧及混合方式供能训练的不同负荷差异，确保运动员耐力训练的准确性、针对性、有效性。

2. 耐力训练的内容及方式应与专项技术相结合

跆拳道竞赛中运动员的耐力素质有其特点，因此跆拳道运动员在耐力训练中应寓技术训练于其中，以不断强化耐力训练的针对性。

四、柔韧性训练

柔韧性是指人体关节在不同方向上的运动能力以及肌肉、韧带等软组织的伸展能力，其对跆拳道运动员有着重要的意义。柔韧性训练水平不足会影响动作的幅度，而动作中的肌肉僵硬又极易造成运动损伤，同时也会妨碍快速动作的技术协调，从而影响动作的攻击力度。

(一)柔韧性训练的方法

1. 静力性主动拉伸

通过缓慢的动力拉伸，将肌肉、韧带等软组织拉长，并在一定限度内保持静止状态，以有效拉长软组织结构。这是最常应用的提高一般柔韧性的训练方法。包括压肩、压腿、劈叉、腰下桥、体前屈、跪地体后屈等。

2. 静力性被动拉伸

在他人助力下完成压肩、压腿、劈叉及搬腿等动作。

3. 动力性主动拉伸

有节奏地多次重复同一动作的练习，以促进软组织逐步被拉长。包括踢腿、摆腿、甩腰、翻腰等。

4. 本体感受性神经肌肉促进法(PNF)

该方法主要是通过增加肌肉的张力和活动来放松肌肉，提高运动员肌肉的柔韧性。PNF 拉伸法在操作中需要借助他人帮助才能完成。包括被动的牵拉和主动的肌肉收缩活动。

(二)柔韧训练的要求

1. 发展柔韧性要与力量训练适度结合

为避免柔韧性与力量训练的不良转移，确保两者的协调发展，应注意柔韧性与力量训练的结合。同时，还应注意柔韧训练后的放松，以免肌肉过软或僵硬。

2. 注意柔韧性训练的经常性

柔韧性训练具有发展快，消失快的特点。因此应注意每周不低于 3～4 次训练。

3. 注意结合专项技术要求进行

由于不同项目对柔韧性的要求不一样，因此应按照跆拳道专项技术的标准适度训练，以免过度训练影响力量素质的正常发挥。

五、灵敏度训练

灵敏度是指在各种突然变换的条件下，运动员能够迅速、准确、协调地改变身体运动的空间位置和运动方向，以适应变化着的外部环境的能力。其发展程度指大脑皮质兴奋与抑制过程转换的难易程度，转换过程迅速，说明灵活度高，反之则灵活度低。跆拳道竞赛对运动员的灵敏度有较高的要求。而运动员要具有相当程度的身体及心理素质基础才能获得良好的灵敏度训练效果。

(一)运动员身体及心理素质基础

1. 准确的判断能力与良好的反应能力

跆拳道竞赛中要求运动员能够在赛场快速变换的情况下准确判断双方的攻守形式，并能迅速、准确、及时合理地运用技术。这些都与大脑皮质神经细胞的分析能力及运动中枢对肌肉的调控能力密切相关。

2. 精确的时空感觉和运动知觉

跆拳道竞赛中运动员的攻守变化迅速，运动员对抗过程中的身体空间位置变化迅速，能否正确判断对手的运动状态，并在恰当的时间，合理的空间内做出技术动作，是对运动员灵敏度的极大考验。

3. 高度灵敏的节奏知觉

节奏知觉与协调、平衡及本体感觉高度相关，需要在长期的专项训练中发展。跆拳道竞赛中要求运动员能够练就高度灵敏的节奏知觉，真正达到“彼忙我静待，知拍任君斗”。

(二)灵敏度训练方法

1. 单人练习

包括弓箭步转体跳、立卧撑前后交叉拍腿、软梯训练、象限双脚跳、十字变相跑、换步跳蹲、撤换步手触地往返跑以及各种步法练习中的天然变向、急停、启动等。

2. 假想练习

包括在步法移动中，运动员通过想象比赛中遇到的情况而随机应变地做出攻防、反击等动作。

3. 对抗练习

一对一的在规定圈内做摸肩、踩脚尖练习；运用步法突破对方防区练习。

4. 游戏练习

包括贴烧饼、打小鸟等游戏。

5. 其他练习

包括球类项目、竞技体操、健美操等。

(三)灵敏度训练的基本要求

灵敏度训练的时间应安排在体力充沛的时段，并应贯穿于训练全过程中，练习时应注意多种训练形式的搭配使用，与其他素质训练结合，以增强训练的趣味性。

第二节　技术训练

跆拳道技术的训练是需要学生学习并掌握的重要内容。跆拳道运动员要通过技术训练，不断地提高技术运用水平，培养良好的训练和比赛作风。

在跆拳道技术训练中，除了采用一般的训练方法外，还有以下几种。

一、慢速、快速重复练习

慢速重复练习适用于运动员学习新的动作。学习新动作时对动作的规范有明确的要求。如身体的姿势、重心的高低、手臂的位置，步法的移动、腿的动作路线、击打部位、结束姿势等。这将直接影响练习者以后对其他技术的掌握。

在教练员讲解、示范后，一般不要立即快速练习，而应采用慢速度的模仿练习，对复杂动作还应分解练习，也不要过分追求动作的击打力量、速度。练习时应让教练和同伴进行指导，或面对镜子边练习边检查，不断重复正确的动作。快速重复练习适用于绝招的学习。运动员在技战术已达到一定程度时，要根据自身特点，选择几种在比赛中常用的绝招反复进行强化，此时需要运动员以最快速度进行练习。

二、结合身法和步法练习

经过慢速度重复练习基本学会了动作后，要根据实战的需要结合相应的身法和步法再进行练习，使技术与实战紧密联系。如练习横踢技术时，可以加上双飞的练习或后撤步横踢再接上后旋的练习。这样可以避免枯燥而单纯的步法练习，又可以较快地和实战相结合。

三、器械练习

(一)脚靶和护具

这是利用沙袋、大脚靶、多层护具等器材作为击打目标的练习。练习的目的不同，方法也不同。如要求提高动作速度和击打力量，练习者要能够完成一定时间内的某一动作；若只要求提高练习的动作频率和耐力，则应规定时间和组次数。利用脚靶、护胸靶进行进攻技术练习，能有效提高学员的进攻和防守反击的动作质量，提高反应速度，建立稳定的条件反射。同时，训练对步法的灵活性，提高距离感以及动作的准确性等都有很好的效果。

(二)沙包

击打沙袋的练习可提高击打力量。如提高动作速度和击打力量，可规定在一定的时间内反复用某一动作或组合动作击打沙袋，要求快速，用力充分，但不做练习密度的规定。如提高耐力，则应规定完成的组次数，每组的练习时间. 并保证一定的练习密度和强度。

四、实战练习

(一)互不接触实战练习

由于跆拳道是两人的直接对抗，在训练中要求两人一组，一方主动进攻，另一方防守反击；为减少不必要的受伤情况，两人可以按照比赛的规则进行互不接触的实战，也就是常说的点到为止。这种练习方法可以消除初学者的害怕心理和预防运动损伤。但在进行时，应遵守以下原则。

一是学员学会保持适当的距离，不要太远或太近；二是要求学员大胆做动作，控制力量，加快进攻反击；三是由于不用真正击打，学员往往会敢于进攻，而忽略了实际的攻防转换，因此要防止乱踢，要仔细揣摩步法和抓住击打时机，并借鉴对方的长处。

空击练习是假设对手运用某种进攻方法，从实战需要出发，根据自身实际情况，选编一组或几组进攻与防守反击的打法，进行徒手空击的练习。它不仅能有效地提高和巩固技术的熟练程度，还能使神经传导通路，即使感觉器官—传入神经—运动中枢—传出神经—肢体运动这一复杂的信息传递过程得到改善和加强，提高反应速度和动作速度。可采用不同的练习时间和间隔时间来提高练习的强度和密度，并逐步加大运动量，提高专项身体素质。

(二)条件实战

条件实战是一种有条件限制的实战练习方法。如规定一方只能用横踢进攻，另一方防守反击只能用后滑步加后旋踢等。该方法的优点在于针对性强，能有效地训练和提高运动员的某些能力和运用某种方法的能力，是实战的初级阶段，也是进行战术训练较为常用的一种方法。

运动员掌握了一些基本的技战术后，在自己单独练习时，应假设是在实战中有对手在与自己对抗，对手采用各种战术和技术进攻自己或防守自己的各种进攻，自己则从实战出发，选择几组进攻和防守反击的方法，做想象中的个人练习。这种练习可在一次训练准备活动的后半部分或实战前及提高训练强度时采用。

(三)实战练习

运动员熟练掌握了跆拳道技术后，要按照规则进行不断的实战，逐步提高技术、战术的应用能力。要在对抗中，在与比赛规则一致的情况下将技战术使用出来，这样才能在实际中获得比赛的胜利。实战的时间可以根据训练的目的进行安排。如 30 秒实战，主要让双方在短时间内学会抓住时机尽可能地多进攻并得分；5 分钟实战，主要使双方在超过正式比赛的时间内，学会在疲劳的情况下战胜对手，达到培养坚强意志的目的。

第三节　战术训练

跆拳道比赛有许多可以运用的战术，要想在比赛中有效运用，就必须经过反复实践和练习，熟练掌握和合理地把握运用的时机，才能收到预期的效果。

一、战术训练的基本要求

(一)培养和提高运动员的战术意识

战术意识是指运动员在比赛中，为达到战术目的而决定自己战术行为的思维活动过程。战术意识强的运动员，能在复杂多变、紧张激烈的跆拳道比赛中，及时准确地观察对手的情况，预测和判断对手的行动，随机应变、及时迅速地制定和实施自己的行动方案。运动员在比赛中每一个战术的正确运用，都是在战术意识支配下完成的。所以战术意识水平的高低是衡量一个跆拳道运动员成熟与否的重要标志。

在平时的技术训练和实战中，必须使运动员明确战术意识的重要性，鼓励和要求他们自觉学习战术理论知识，不断提高思维能力、智力水平和心理素质。在训练中积极应用战术知识，采取正确有效的战术，并不断吸取和总结实战经验，使运动员的战术意识逐步提高。

(二)全面了解、重点掌握、有所创新

跆拳道训练中，要使运动员全面了解跆拳道的各种战术方法，弄清各种战术的不同特点。在此基础上根据运动员的身体素质、技术水平、心理素质、智力水平等自身特点，设计和重点掌握几种适合自己使用的战术方法，将其练至精熟，以适应不同情况和不同对手。并且应该在应用中不断积累经验或有所创新，保持领先的优势。

（三）注重战术训练质量

在训练中，不但要让运动员了解更多的战术知识和战术方法，还必须提高运动员的战术质量。只满足于泛泛的掌握多种战术方法是不行的，只有精通所掌握的战术，才能在激烈复杂、瞬息万变、困难重重的比赛实战中自如地使用。所以在战术训练时必须注重提高战术质量。只有质量过了关，才能做到无论遇到什么对手、出现什么情况都能充分发挥战术，真正达到预期的战术训练目的。

（四）与其他训练内容紧密结合

跆拳道的战术是在运动员的身体、技术、心理、智能等训练基础上建立起来的。没有这些做基础，战术只能是空中楼阁。所以在平时的训练中，要把战术训练渗透到每一个训练环节当中去。不管什么训练内容都要强调战术意识，并提出相应的战术要求，加强实战意识的培养，以提高运动员战术训练的主动性和自觉性，从整体上提高训练质量。比如在技术训练中，就要有强烈的技术应用意识，将单纯地使用技术变成有目的的战术行动。

（五）充分发挥思维创造力

运动员是训练的主体。在战术训练时，要不断发挥运动员的思维积极性和创造性。教练员要有效地调动他们的主观能动性，挖掘他们的潜力，鼓励和启发运动员进行积极的思考和创新，努力培养运动员处理比赛场上各种情况的能力。如果忽视运动员的思维和创造力，一味地高压灌输，往往会导致运动员的战术应变能力变差，遇到突发情况难以创造性地进行应对，进而陷入被动。教练员可以通过提问、分析、讨论、交流等方法，使运动员养成战术思维的习惯，体会战术创新的好处和乐趣。

（六）不断总结经验和教训

跆拳道实战比赛是求真的，来不得半点马虎；同样进行实战练习或比赛，不同的运动员得到的收获是不一样的。优秀的运动员擅长从失败和胜利中获得经验和教训，每次实战训练或比赛他都能获得很多收获，得到许多体会。哪些是促成胜利的因素？哪些是导致失败的原因？运动员只有认真进行思考和总结才能不断取得进步。

跆拳道教练员要不断引导和提高运动员的观察能力、思维能力和分析能力，科学合理地安排实战练习比重。运动员要通过亲身实战和观察他人实战，不断总结经验教训。日积月累，运动员的战术知识、战术方法、实战经验就会越来越丰富。

二、战术训练的方法

(一)分析训练法

针对某一战术在实战中的具体应用，教练员除了进行现场分析讲解，也可从比赛录像中选择一些反映战术特点的典型片段，或筛选出一个完整的战术进行反复研究。教练员利用语言进行分析、讲解，进行启发性提问，使运动员对战术的形式、目的、特点、关键环节以及动作过程都有详细的认识，这样才能开发运动员的智力．提高运动员的直觉和形象思维能力，对运动员掌握和运用战术起到帮助作用。为使分析全面，看完片段后，还应把全场比赛连起来复看，从局部与全局的观念出发，防止孤立、静止地看问题。

(二)分解练习法

有的战术方法比较复杂，由几个部分组成，为了使运动员更详细、更清楚地了解各个部分，就要把整套战术方法分解开来，逐一练习；同时，着重解决关键性问题，把握战术的关键环节，然后再串联起来整套练习。

(三)配合训练法

为了使运动员更好地掌握战术，教练员(或同学)作为对手配合运动员进行专门练习。可重复练习某一种方法。针对运动员练习中出现的问题，及时指出并加以解决。练习时可逐渐加大动作的速度和力度，使练习向实战过渡，逐渐接近实战和超过实战。练习的方法由一种发展到多种，由练习过渡到近似实战，提高运动员对战术的熟练运用能力。

(四)想练结合法

可让运动员假设不同的情况，并设想用什么战术去应对，然后根据这种假设和设想去实际练习、验证运动员的假设和相应的战术是否可靠。这是一种利用心理学的视角进行训练的具体方法，这种方法的主要目的是培养运动员的战术意识，培养运动员发现问题和解决问题的能力。

(五)模拟比赛法

利用模拟比赛的方法，让运动员来运用所学的战术。其目的是让模拟双方有意识地去完成各自的战术意图，去根据比赛时的具体情况运用不同的战术方法。模拟比赛时，可事先对运动员提出不同要求、布置需要完成的主要任务，并限制对攻的力度和强度。

(六)重点训练法

根据不同优势、特点的对手情况，重点解决不同的问题。比赛时运动员可能会遇到不同优势的对手，如力量型、技术型、主动进攻型、防守反击型等。为了适应不同的情况，训练时针对每一种类型的对手，重点解决对这一类型应该运用什么样的战术。经过不同的重点练习，运动员就会逐渐适应不同的对手。

(七)实战比赛法

通过比赛，训练和培养运动员运用战术的能力，丰富其临场比赛经验。实战比赛要根据从难、从严的原则，进行多种形式的比赛，如不同级别、不同水平、不同风格的对手间的比赛。增加比赛的时间、局数，进行一对一轮流循环比赛，或是二打一、三打一、四打一的车轮战。在比赛的量、强度、条件上增大难度，以提高运动员在超量、超强度状态下合理运用战术和应变的能力。

第四节 心理素质训练

跆拳道运动员的心理素质训练，就是采取各种手段，有意识、有目的地对跆拳道运动员的心理施加影响。

一、放松训练

为了使运动员保持赛前情绪和肌肉放松，可采用放松训练，主要方法有：

(一)呼吸调节训练

学习在比赛条件下如何进行放松，学会辨识自身的紧张信号，相应进行深吸气、慢呼气的调节，使身体得到放松。

(二)音乐调节训练

在赛前，当运动员过度紧张时，可播放轻松、节奏慢的音乐，使其身心逐渐得到放松。

二、模拟训练

模拟训练可预防运动员赛前不良心理状态的发生，提高心理稳定性和应变能力。使运动员适应裁判、对手、观众、场地、灯光、比赛时间等。模拟训练方法有：

(一)按得分要求进行实战

模拟实践，要求运动员增强比赛得分的意识，不能养成多一分少一分都无所谓的习惯。

（二）模拟裁判偏袒对手

模拟裁判有意错判和反判，该给得分的不给分，用以培养运动员不被激怒、不受影响的心理素质。

（三）模拟比赛时间

可以把比赛时间安排在晚上，使运动员适应各种比赛时间和场上的灯光强弱。

（四）模拟赛前准备活动

在平时训练中，全队一般是集体做准备活动，而比赛时，大都是自己独立做准备活动，而且有可能对手和自己在同一块垫子上活动，并且对手可能会用语言或在行动上给自己造成心理上的不良影响。通过模拟赛前准备活动，使运动员适应比赛环境，排除参赛时产生的不良心理状态。

三、意志训练

跆拳道的意志训练主要是指在勇敢、顽强、不服输等精神方面激励运动员，使其在克服困难时能够表现出良好的意志力。训练方法主要有：

（一）加强运动态度的培养

要通过长期系统的正面思想教育，使运动员相信只有通过艰苦的训练，才能实现自己的远大目标和理想。这是运动员能够坚持到底的原动力。

（二）敢于和实力强的队员配对练习

在实战中，与实力强的队员配对，自己虽然实力弱，但却有信心与同伴实战，决不服输，以此培养队员敢拼敢斗，勇猛顽强的心理素质。

（三）使运动员正确对待伤病情况

由于跆拳道是两人之间的激烈对抗，伤痛会经常发生，如膝、脚踝等关节被踢伤、撞伤和扭伤，肌肉韧带被拉伤等，教练员针对运动员的受伤情况，一方面要安排及时治疗，另一方面要激发其克服伤痛的勇气和信心。比如上肢受伤，就练下肢，左臂不能动，就练右臂，使运动员能够在带伤训练中得到意志的锻炼。

（四）使运动员学会自我培养意志的方法

使运动员学会自我暗示、自我鼓励和情绪调节、主动克服困难的方法，只有这样才能在遇到困难时及时进行自我调整，从而在比赛中发挥最佳状态。

第五节　制订训练计划

训练计划是对未来训练过程预先做出的理论设计。制订训练计划要有预见性、针对性，要在充分调查研究的基础上，提出训练目标，使训练工作有计划、有步骤、有系统地进行，保证训练任务顺利完成。

训练计划主要有多年训练计划、全年训练计划、阶段训练计划、周训练计划及课时训练计划五种。

一、多年训练计划

多年训练计划是指从运动员开始参加训练到达到最高运动技术水平，再到停止训练整个过程的训练计划。这是对运动员多年训练过程的总体规划，其对年度训练计划具有指导意义。

(一)多年训练计划的主要内容

主要包括训练总目标；训练阶段的划分及各阶段的任务；运动素质、技术、战术训练的比重；训练负荷增长的速度和幅度；训练的主要手段、方法；各项训练指标；参加比赛的大体安排；测定和评定训练水平的时间安排。

多年训练计划要目标明确，任务具体，步骤与时间安排得当，才能够反映出多年训练发展的基本图景。

(二)制订多年训练计划的具体要求

要熟悉和了解跆拳道发展现状及趋势；掌握跆拳道训练理论及与跆拳道相关学科应用的知识；具备较强的分析综合和推测思维力；深刻了解队员各方面的基础情况，并对其发展的可能性有正确的评估和认识；多年训练计划中各个基本内容的安排应清晰明确，尽可能用直观、简练的文字和图表以及数据反映出计划的图景和趋势。

多年训练计划既要看到奋斗目标与要求，又要能反映出所选择的途径，这样才具有实际的指导意义。

二、全年训练计划

全年训练计划是以一年为时间界限设计的，它也可看作是多年计划的具体落实。全年计划依一年内周期的多少，分为单周期、双周期和三周期三种类型。一般来说，任何一种全年计划在制订时，除了前面所述的基本内容外，都应对上一年度完成计划的正反面做扼要总结，并提出解决方案。

全年训练计划可以文字为主，表图为辅，也可以表图为主，辅以文字说明。通常，为了简明，建议以表图为主。

计划作为一种预想方案，在付诸实践中，教练员必须善于因事因时进行调整和补充，因为设想与实际难免有矛盾，并且队员情况及外界条件也在不断变化。变更计划内容一般不变动预定的文表图，而是使其保留原貌，这样在一年结束后全面对照理论与实际的差异时，才能从中领悟原因，丰富自己的经验和知识，提高分析问题、预测未来的能力。

三、阶段训练计划

为了更好地控制训练过程，可以按全年训练计划中各个训练周期来制订阶段计划。一个阶段的训练过程是若干个周(期)训练过程的组合，这些周的训练过程，既有各自的明显特点，又彼此联系。阶段训练计划的任务、内容及运动负荷要有计划按比例落实到每一个周。一般采用表格形式，辅之以必要的说明，力求简明，以便实施和检查。阶段训练计划要保证全年训练计划各个时期任务的完成，起着承上启下的作用。在调整运动负荷时，要按周训练计划来安排负荷总量，大、中、小相结合，使运动员的机体及时获得必要的恢复，这对提高运动训练效果有重要作用。

四、周训练计划

周训练计划是以一个星期作为一个小周期来安排训练，它是根据阶段训练计划的任务、内容和负荷来安排的。由于不同的训练内容要求不同的供能系统，不同动作要求不同的肌群，不同的训练会对运动员产生不同的心理影响，因此，在周训练计划中，应该交替安排不同的训练内容，运动负荷要大、中、小相结合，这样既能使运动员的各种竞技机能得到全面发展，也能使运动员在生理和心理上得到必要的调节和恢复。教练员应根据周训练计划的任务和要求，把主要训练内容及负荷安排在每次训练课中。周训练计划一般采用表格式，以便于执行。

五、课时训练计划

训练课是运动训练最基本的组织形式。一系列的训练计划都必须经过训练课的组织与进行予以贯彻和实施。训练课既是系统训练过程的组成部分，又是一个独立完整的训练单元。课时训练计划是按周计划的内容与负荷，并根据上一次课的完成情况来制定的。

一堂训练课通常由准备部分、基本部分和结束部分组成。课时训练计划可以随队员训练状态，环境条件等情况作一些变更，但必须是在遵循周计划安排的原则下进行的，这就是说，教练员决不可随心所欲地调整课时训练计划。

思考与练习

1. 怎样才能有效提高自己的柔韧素质？
2. 初学者如何提高自己的灵敏素质？灵敏性的练习方法有哪些？
3. 跆拳道技术训练中常用的练习方法有哪些？
4. 跆拳道战术训练的基本要求有哪些？常用的训练方法有哪些？
5. 如何促使跆拳道运动员心理稳定性和应变能力得到提高？
6. 跆拳道训练计划的种类有哪些？多年训练计划的具体要求有哪些？

第八章
跆拳道训练中常见的损伤及处理办法

本章要点

本章共五节，详细介绍了跆拳道训练中损伤的类型、常见的受伤部位及处理原则和办法。

本章重点与难点

重点：常见软组织损伤的处理办法、急性软组织损伤的处理原则。

难点：损伤的处理和预防。

跆拳道是一种高对抗性项目，在比赛中主要以腿法进攻为主，拳法为辅。由于跆拳道高对抗性的特点，在比赛和平时的训练中，极易发生运动损伤，运动损伤不仅给运动员带来不同程度的痛苦，严重时还会影响其运动生涯。跆拳道比赛和训练中最常见的损伤部位为膝关节和踝关节，这两个关节的损伤是比较常见的，也是受伤概率最高的部位。而造成这几个部位损伤的因素多为准备活动不充分、自我保护不当等。

第一节　开放性软组织损伤

一、擦伤

机体表面与粗糙物体相互摩擦而引起的皮肤表层损害，称为擦伤。擦伤是跆拳道运动中最轻，也是最常见的一种开放性损伤。运动员在训练中被护具、脚靶擦伤或摔倒时的擦伤最为多见。

擦伤的情况不同，处理方法也不同。擦伤一般有两种；第一种，小面积、表浅、无异物污染的皮肤擦伤。这种情况的处理方法是；先用生理盐水消毒，局部涂抹2％的红汞药水或1％～2％的龙胆紫药水，不必包扎。但关节附近的擦伤不宜采取干燥暴露法治疗，因为关节的运动易使伤口干裂，既影响运动又易感染。可采用5％～10％的磺胺软膏或青霉素软膏进行涂抹。第二种，面积较大、污染较严重的伤口，先将异物彻底清抹，再用凡士林纱布敷盖伤口，还要施用抗菌药物和注射破伤风抗毒血清。

二、撕裂伤

跆拳道运动中常见的撕裂伤有眉弓部的撕裂和前额、唇部的撕裂。上述情况多发于实战或比赛中。损伤发生后，为了继续比赛，可先用生理盐水进行冲洗，再用肾上腺素液棉球压迫止血，然后用粘胶封合。比赛结束后到医院进行清创缝合、抗感染及预防破伤风治疗。

三、鼻子出血

鼻子出血一般是由于实战中鼻子受到击打以及身体的碰撞造成的。当损伤发生时，可用食指、拇指在鼻翼外面相对压迫，用口呼吸，一般数分钟内可以止血。也可以用消过毒的脱脂棉球塞进出血鼻孔内，再在鼻翼外稍加压迫。另外，在前额部进行冷敷。

第二节　闭合性软组织损伤

挫伤、肌肉拉伤、扭伤等均属于闭合性软组织损伤。

一、挫伤

肢体各部位被对方击中时都可能发生挫伤。跆拳道运动中较易发生挫伤的部位有大腿、小腿、胸部、头部、睾丸等。挫伤可分为单纯性的损伤和复杂性的损伤两种。单纯性损伤是指挫伤后的出血点为瘀点、瘀斑及皮下组织局限性积血(血肿)，重者的疼痛和功能障碍较为明显。复杂性损伤的后果较为严重，如头部挫伤后轻者可发生脑震荡，严重者可造成颅骨骨折，甚至危及生命；睾丸损伤严重时可因疼痛而导致休克。

对于单纯性挫伤，应该在伤后 24 或 48 小时内进行止血、防肿、镇痛处理。治疗方法可根据具体情况选用冷敷或加压包扎。一般来说先冷敷后加压包扎，但两者也可以同时并用。对于复杂性的挫伤，如发生休克症状时，应先进行抗休克处理，然后及时送医院治疗。肌肉肌腱断裂者应先将肢体固定再及时送医院。

二、肌肉拉伤

当肌肉主动收缩超过了负担能力或被动拉长超过了伸展性时，就会造成肌肉微细损伤、肌肉部分撕裂或完全撕裂，称为肌肉拉伤。跆拳道运动中常见的肌肉拉伤是大腿后群屈肌的肌肉拉伤，如下劈踢打靶用力过猛而又踢空时，较易发生腘绳肌起点或肌腹部的拉伤。另外，训练前准备活动不充分或长时间训练、连续比赛，疲劳积累，也会造成肌肉拉伤，严重时可导致肌肉断裂。

伤后应该立即冷敷、局部加压包扎、抬高伤肢，轻者针灸或 24 小时后进行按摩。肌纤维部分断裂者，48 小时以后再进行按摩，但按摩的手法要轻缓。对怀疑有肌肉或肌腱完全断裂者，应固定伤肢并加压包扎，送医院治疗。

三、膝关节急性损伤

膝关节由股骨、胫骨、髌骨、腓骨组成，膝关节的稳定性靠周围的肌肉和肌腱、内外侧副韧带、前后十字交叉韧带以及内外侧半月板来维持。跆拳道运动员的损伤一般多发生在内侧副韧带、外侧副韧带和十字交叉带。

(一)侧副韧带损伤

侧副韧带损伤包括内侧副韧带损伤和外侧副韧带损伤两种。当膝关节屈曲成130～150度时小腿突然外展外旋或当足及小腿固定大腿突然内收内旋，都可能使内侧副韧带损伤。当膝关节屈曲，小腿突然内收内旋或大腿突然外展外旋时，较易发生外侧副韧带损伤。但由于外侧副韧带形如圆束并有股二头肌腱与髌胫束加固，所以受损伤的机会很小。

轻微的侧副韧带损伤，疼痛较轻，肿胀不明显，无关节屈伸障碍时，将伤膝置于微屈曲位，停止活动2～3天，外敷活血止痛中药。3天后开始步行锻炼，并配以药物进行活血按摩治疗。按摩时由膝关节患处的远端向近端进行。

严重的侧副韧带损伤或断裂，受伤膝关节明显肿胀，患膝成半屈曲位，伸屈功能受限制，并且膝关节疼痛加剧时，应立即进行加压包扎，再送专科医院进行治疗。

(二)十字韧带和半月板的损伤

十字韧带的损伤是由于膝关节半屈曲时突然旋转、内收、外展造成的。膝关节半屈曲位，小腿外展外旋或内收内旋时，两块半月板滑动不协调，就会使半月板受到急剧的研磨、碾转而撕裂。半月板和十字韧带损伤后，当时就会有膝关节松活、软弱无力、不能正常行走等症状。这时应立即加压包扎送专科医院进行治疗。

提高运动员的专项技术和动作水平，避免训练中下肢过度疲劳；加强股四头肌及小腿三头肌与腘绳肌的肌力训练，增强关节稳定性而又保持灵活；训练时注意力要集中，实战时要遵守比赛规则；避免因粗野的犯规动作而造成损伤。

四、急性腰部损伤

急性腰部损伤包括肌肉、韧带、筋膜及小关节的扭伤。当运动员做横踢动作，下肢动作快于躯干动作时，或运动员肌力不足时，均可造成腰部的急性损伤。

发生急性腰部损伤时一般应卧床休息，仰卧于有垫子的木板床，在腰部垫一薄枕，以便放松腰肌，也可与俯卧位相交替，避免受伤组织受牵扯，以利于机体自行修复。轻度扭伤者休息2～3天，较重者应立即送医院进行治疗。

预防方法是，掌握正确的动作要领，提高腰、腹肌的协调性和反应能力，在进行力量练习时适当使用护腰带。

第三节 急性软组织损伤的处理原则

一、早期处理原则

指伤后24或48小时以内，组织出血和局部急性炎症期。这一时期的处理原则主要是适当制动、止血、防肿、镇痛和减轻炎症。具体来说，即伤后立刻冷敷，加压包扎，抬高伤肢，适当制动。其中加压包扎就是用适当厚度的棉花或海绵放于伤部，然后用绷带稍加压力进行包扎。加压包扎时一般先冷敷，后加压包扎，但也可两者同时并用。加压包扎24小时后即可拆除，再根据伤情作二次处理。如外敷中药，疼痛较重者服止痛片，淤血较重者内服跌打药。

二、中期处理原则

指伤后24或48小时后，出血已停止，急性炎症逐渐消退，但伤部仍有淤血和肿胀，肉芽正在形成，组织正在修复。处理原则主要是改善伤部的血液循环，促进组织代谢，促进淤血与渗出液的吸收，加速再生修复。可采用热疗、按摩、拔罐、药物治疗，同时应根据伤情进行适当的康复功能锻炼，以保持机体神经及肌肉的紧张度，维持已经建立起来的条件反射和各个器官与系统的反性联系。

三、后期处理原则

损伤基本会自动修复，肿胀、压痛等局部现象也会消失，但功能未必完全恢复，锻炼时仍感疼痛、酸软无力。有些严重病例，由于粘连或疤痕收缩，会出现伤部僵硬，活动受限等情况。此时的处理原则是增强和恢复肌肉、关节的功能。如有疤痕硬结和粘连，应设法使之软化、松解。治疗方法以按摩、理疗、功能锻炼为主，适当配以药物治疗。

第四节　严重损伤的处理方法

一、骨折

所谓骨折，就是骨的完整性遭到破坏。在跆拳道运动中，由于对抗性强，骨折是时有发生的。骨折分为开放性骨折、闭合性骨折和复杂性骨折三种情况。开放性骨折是指骨折端穿破皮肤，直接与外界相通，这种骨折极易感染发生骨髓炎和败血症。闭合性骨折是指骨折处皮肤完整，骨折端不与外界相通。复杂性骨折是指骨折后，骨折断端刺伤了重要组织、器官，可能发生严重的并发症。骨折发生后，除有疼痛、压痛、肿胀及皮下淤血外，还有其特有征象，如震痛、功能丧失、畸形等，还可能发生休克。

骨折时有出血和伤口者，应立即止血和保护伤口；对伴有休克者，先处理休克症状，再进行固定。固定前不能随意移动伤肢，为暴露伤口可剪开衣服、鞋、袜。对大腿、小腿和脊柱的骨折，应立即就地固定；骨折经初步处理后应立即送专科医院进行治疗。

二、关节脱位

关节脱位也称脱臼，是指关节面之间失去了正常的联系。关节脱位一般是由间接暴力所致。关节脱位还可以伴有关节囊撕裂、关节周围软组织损伤，严重时还可能伤及神经甚至伴有骨折。

发生关节脱位时，在没有医生在场的情况下或不会整复技术时，不可随意乱动，以免加重关节周围的损伤。此时应立即用夹板和绷带在脱位所形成的姿势下固定伤肢，保持伤员安静，尽快送医院处理。

三、休克

休克是指人体在遭受体内外各种强烈刺激后所发生的严重全身性的综合征，以急性周围循环衰竭为主要特征。由于有效循环血量相对地减少，使组织器官缺氧，进而发生一系列的代谢紊乱，并且造成恶性循环，如不及时处理，就会导致死亡。当休克发生后，其主要症状为面色苍白、四肢发凉、冒冷汗、脉搏细数、呼吸浅速，严重者昏迷不醒。

应让患者安静平卧休息，并给予精神安慰，最好不要采取头低脚高位休息，因为这样会使颅内压增高、静脉回流受阻，造成呼吸困难，加重缺氧。另外，冬天应注意保暖，夏天应注意防暑，神志清醒、无消化道损伤者，可适当饮用糖水，保持呼吸道畅通。昏迷者将头侧偏，用重手法点掐人中、合谷、内关等穴或嗅氨水催醒。有损伤疼痛者，应止痛镇静，并进行必要的包扎、固定、止血后送医院进行治疗。

第五节　常见运动损伤的预防措施

由于跆拳道是一种对抗性强、相对剧烈的运动，造成运动损伤的概率比较高，所以在预防中必须全面，才能够有效地保证运动员关节不受损伤。

在训练中，运动员必须使用护腿和护脚。如果在训练过程中，没有按照要求戴好护腿和护脚，在对抗中就有可能因碰撞而导致关节损伤。

要求运动员在比赛之前和平时训练之前，一定要做好充足准备，加强运动前的热身活动，把准备工作做好，充分地调动全身器官。

积极加强医务监督工作，医务监督是为跆拳道运动员身体健康提供有效保障的基础。在训练或者比赛时，假如医务监督不到位，或者跆拳道运动员、教练员对医生的意见没引起重视，在过度疲劳或伤病的情况下继续参加训练或者比赛，那么就会导致新的创伤出现。

思考与练习

1. 擦伤的处理方法有哪些？
2. 简述十字韧带和半月板的损伤原因及预防方法。
3. 简述急性软组织损伤的早期、中期处理原则。
4. 简述骨折的简单判断和应急处理办法。

第九章 跆拳道竞赛规则

本章要点

本章共两节，详细介绍了跆拳道竞赛、品势比赛规则和裁判法。

本章重点与难点

重点：跆拳道竞赛、品势比赛的组织编排和裁判法。

难点：跆拳道竞赛的现场执裁。

跆拳道竞赛是检查跆拳道教学效果与训练水平的有效手段。通过竞赛，可以更好地交流技艺、开阔视野，取长补短，共同进步。

第一节 跆拳道竞赛(竞技)规则

本规则共二十四条，具体如下。

一、目的

本竞赛规则的目的是为世界跆拳道联盟(以下简称 WT)，WT 洲际联盟(以下简称 CU)

或/和 WT 会员国及地区协会(以下简称 MNA)主办和/或认可的各级比赛提供标准化规则；本竞赛规则旨在确保与竞赛有关的所有事项均以公平有序的方式进行。

二、适用范围

本规则适用于所有由 WT、CU 和 MNA 主办和/或认可的比赛。但是，任何想要修改一些或部分竞赛规则的 MNA，须经 WT 的事先批准。如果 CU 和/或 MNA 未经 WT 的事先批准而违反本规则，则 WT 可以行使其酌情权驳回或撤销其对有关国际赛事的批准。此外，WT 可能会对相关的 CU 或 MNA 采取进一步的纪律处分。

所有 WT 和/或 CU 和/或 MNA 主办或认可的比赛都应遵守 WT 条例、争议解决和纪律处分章程以及所有其他相关规则和条例。

所有 WT 和/或 CU 和/或 MNA 主办或认可的比赛都应遵守 WT 医疗准则和 WT 反兴奋剂规则。

三、竞赛场地

(一)竞赛场地

竞赛场地应为平整、无障碍物的场地，铺设有弹性的防滑垫。必要时，竞赛场地可置于离地面 0.6～1 米高度的平台上。边界线外缘部分应以低于 30 度的坡度向下倾斜，以保障参赛运动员的安全。可选择下列一种形状的竞赛场地。

1. 正方形赛场

竞赛场地由竞赛区域与安全区域构成。正方形竞赛区域为 8 米×8 米。赛区周边为安全区，四面距离应相等。竞赛场地(竞赛区和安全区)应不小于 10 米×10 米，不大于 12 米×12 米，如果竞赛场地在平台上，安全区可按需扩大，以确保参赛运动员的安全。依据竞赛操作指南，应以不同的颜色划分竞赛区域和安全区域。

2. 八角形赛场

竞赛场地由竞赛区域与安全区域构成。竞赛场地应为正方形，应不小于 10 米×10 米，不大于 12 米×12 米。竞赛场地的中央为八角形的竞赛区，该赛区直径为 8 米，八角形的每一侧边长度为 3.3 米。竞赛场地的外围线和竞赛区的边界线之间为安全区。依据竞赛操作指南，应以不同的颜色划分竞赛区域和安全区域。

(二)位置标注

竞赛区域的外缘线应称为边界线，竞赛场地的外缘线应称为外围线。

Octagonal mat on platform

平台上的八角垫

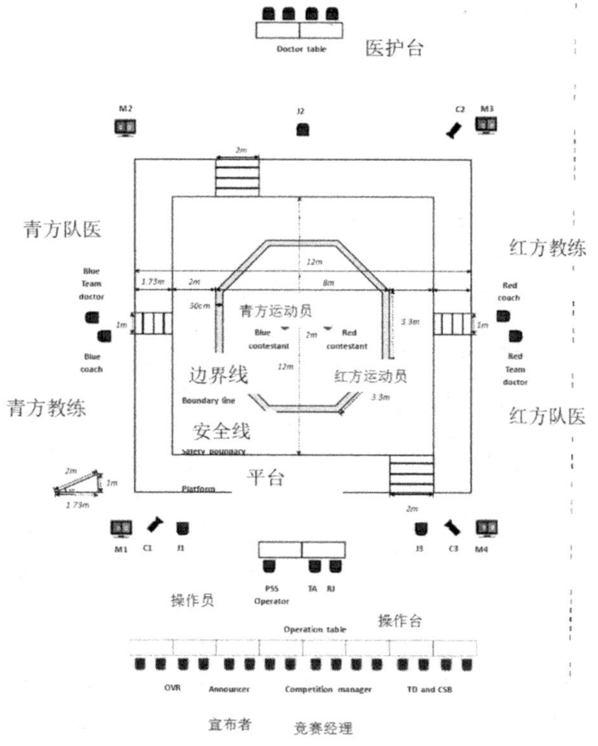

Octagonal mat on floor

地面上的八角垫

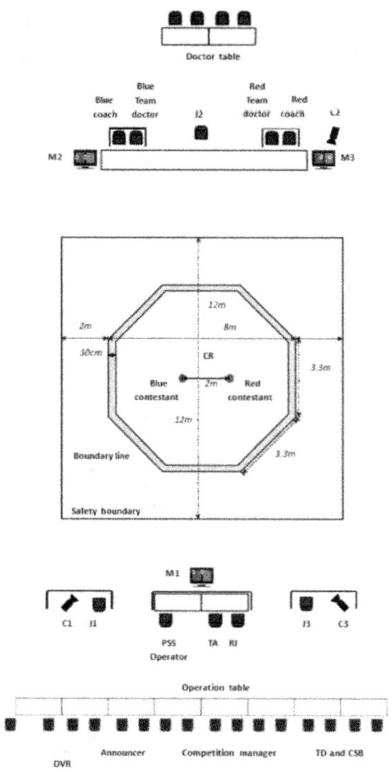

Square mat on platform

平台上的正方形垫

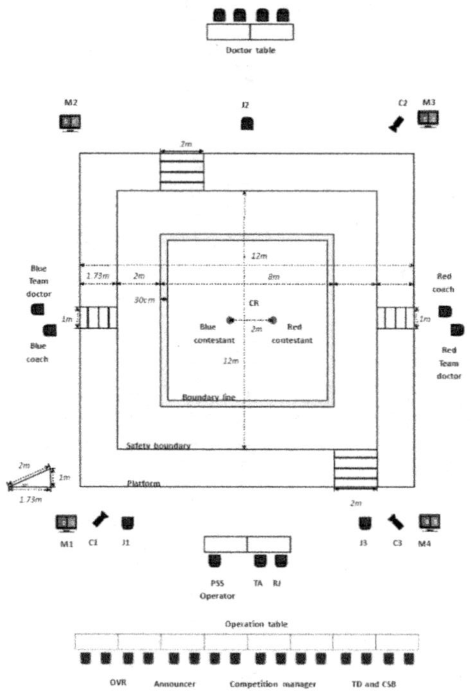

Glossary:

TD: Technical Delegate
CSB: Competition Supervisory Board OVR:
On Venue Result

CR: Center Referee
J1 - J2 - J3 : Corner judge 1, 2 and 3 RJ:
Review Jury

TA: Technical Assistant
C1 - C2 - C3 : Camera 1, 2 and 3
M1 - M2 - M3 : Scoreboard monitor 1, 2, 3 and 4

TD：技术代表	CR：主裁	TA：技术员
CSB：竞赛监督委员会	J1-J2-J3:边裁 123	C1-c2-C3：摄像 123
OVR：现场成绩处理	RJ：审查陪审团	M1-M2-M3:计分监视器

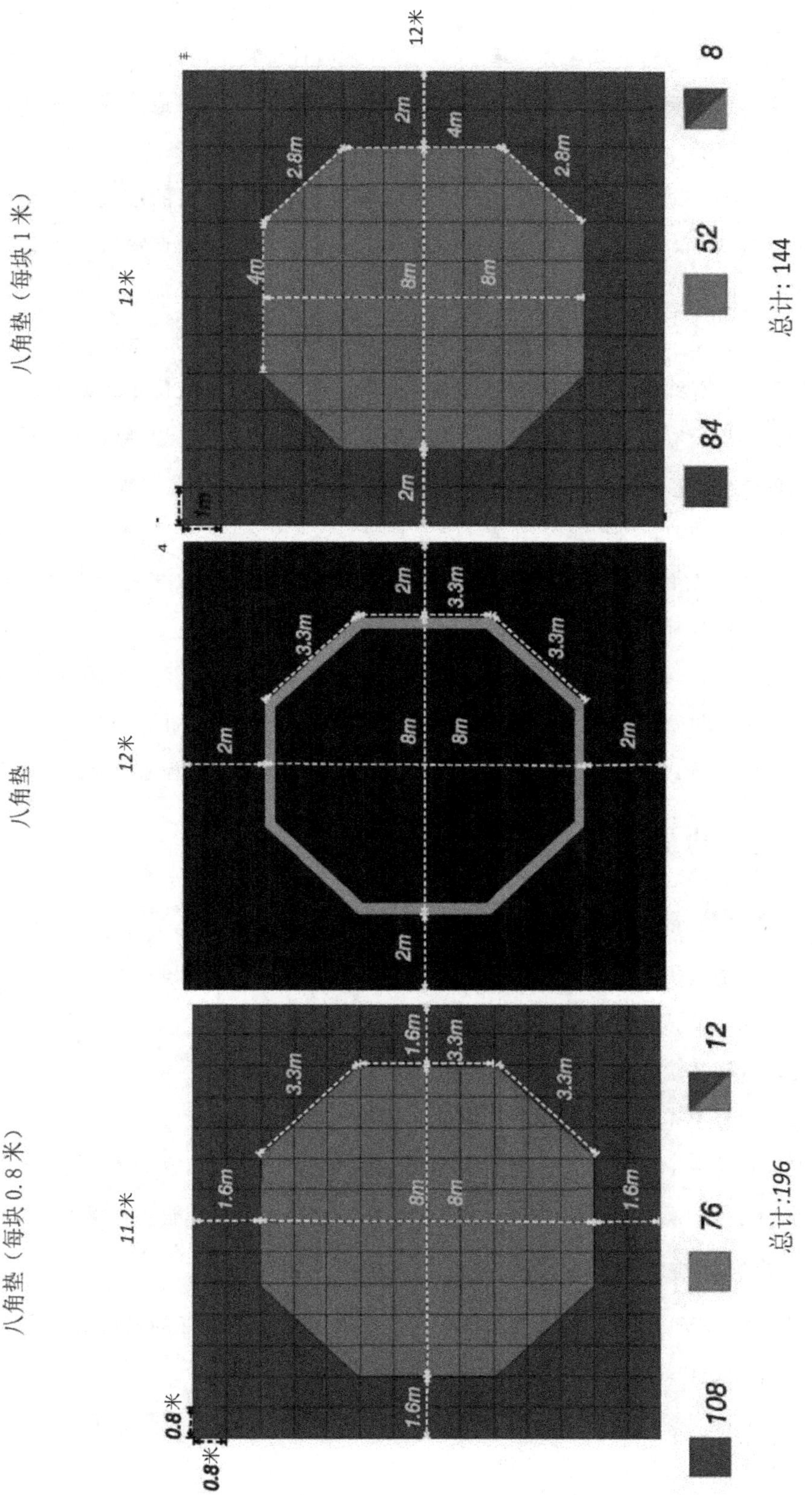
八角垫（每块1米）
12米
12米
2m
4m
2.8m
2.8m
4m
8m
8m
2m
1m
84
52
8
总计: 144
八角垫
12米
2m
3.3m
3.3m
3.3m
8m
8m
2m
2m
2m
八角垫（每块0.8米）
11.2米
0.8米
0.8米
1.6m
1.6m
3.3m
3.3m
3.3m
8m
8m
1.6m
1.6m
108
76
12
总计:196

靠近记录台的前外缘线应称为第1外围线，顺时针旋转依次为第2、第3、第4外围线。与第1外围线相邻的边界线应称为第1边界线，顺时针旋转依次为第2、第3、第4边界线。如果是八角形的竞赛区域，靠近第1外围线的边缘线被称为第1边界线，顺时针旋转依次为第2、第3、第4、第5、第6、第7、第8边界线。

主裁与参赛运动员于竞赛开始与结束时的位置：参赛运动员的位置应该在竞赛区域中心点1米外的两个对立点上，与第1外围线平行。主裁应安排在竞赛区域中心向第3外围线1.5米处。

边裁位置：第一名裁判的位置应位于距第2边界线角落至少2米处。第二名裁判的位置应位于第5边界线中心以外至少2米处。第三名裁判的位置应位于距第8边界线角落至少2米处。如果设有两名裁判，第一名裁判的位置点应距离第1边界线中心至少2米，第二名裁判的位置点应距离第5边界线中心至少2米。裁判的位置可能会改变，以便媒体、直播和/或赛事呈现等工作。

记录仪和IVR的位置：记录仪和IVR应位于距第1外围线2米处。记录仪的位置可能会改变，以适应场地环境和媒体播出和/或赛事呈现的要求。

教练的位置：教练的位置应在其参赛运动员一方外线中点至少2米或以外的地方标出。可以改变教练的位置以适应场地的环境、媒体播出和/或赛事呈现的要求。

检查台的位置：检查台的位置应靠近竞赛区域的入口，以便检查参赛运动员的护具。

四、参赛运动员

（一）参赛资格

第一，参赛队伍国籍拥有者。

第二，有WT或MNA的推荐。

第三，有国技院或WT颁发的段位或级位证书。

第四，拥有WT的全球运动员执照。

第五，年龄在17岁以上的可参加相关成人比赛（青少年锦标赛为15～17岁，少年锦标赛为12～14岁）。根据国际奥委会的决定，青年奥运会的年龄可能会有所不同。

（二）比赛服装和竞赛装备

在所有列于WT赛事日历的比赛中，必须使用WT批准认证的道服或比赛服装及所有（但不限于地垫、PSS、IVR、护具等）竞赛装备。

参赛运动员须穿着世界跆拳道联盟所认证的道服、护胸、头盔、护裆、护臂、护腿、手套、电子感应袜（使用PSS的情况下），并在进入竞赛区之前佩戴护齿。进入竞赛区域时，头盔必须紧夹于左臂下。在竞赛开始前，应遵循主裁指示戴上头盔。

穿着道服时，护臂、护腿应戴在道服内；穿着比赛服装时，护臂、护腿应戴在服装内，两种情况下，护裆都应穿在服装内。

参赛运动员应自带 WT 认可的护具，如手套、护齿等，以供个人使用。少年运动员的头盔必须备有面罩。禁止穿戴护头盔之外的任何物品。任何宗教物品，应佩戴在头盔与道服内，且不得伤害或妨碍对方运动员。

组委会(WT 赛事主办方)负责自费准备以下 WT 认可的设备，以供赛事使用。

第一，护胸和头盔等相关的器材与设备的选择由世界跆拳道联盟决定。

第二，垫材。

第三，其他防护装备的存放设备。

第四，即时录像回放(IVR)系统与其相关设备，包含但不限于摄像机(每个场地最少 3 台。决赛和半决赛最少 4 台摄像机，其中包括 1 台置顶摄像机)，竞赛数据及时反馈给 IVR 以供录像审议。G-12 及以上级别的比赛 IVR 应使用 4D 技术系统。

第五，赛场内巨型屏幕(用于展示赛程树状图及运动员数据等)。

第六，观众计分显示屏(用于 IVR 影像展示，最少 12 个)。

第七，赛场计分显示屏(用于显示计分，每个场地最少 4 个)。

第八，在运动员检录区或热身区的实时展示系统(RTDS)。

第九，在裁判休息室或等候区的实时裁判呼叫系统(RTRCS)。

第十，裁判休息室直播比赛的电视。

第十一，未明文规定的其他竞赛设备(如有应在 WT 竞赛操作指南中进行说明)。

组委会(WT 赛事主办方)负责自费在训练场地准备以下设备和材料等。

第一，护胸和头盔相关器材与设备。

第二，垫材。

第三，固定自行车。

第四，跑步机。

第五，紧急救护应急设备(详见医疗规范)。

第六，制冰器具。

第七，冰箱。

第八，瓶装水。

组委会有责任获得 WT 对准备设备数量的批准。

(三)反兴奋剂测试

WT 主办或认可的跆拳道比赛中，禁止使用世界反兴奋剂机构禁止列表中描述的任何药物或化学物质。世界反兴奋剂机构的反兴奋剂规则适用于奥运会和其他综合赛事的跆拳道比赛。WT 反兴奋剂规则应适用于 WT 主办和/或认可的比赛。

WT 可以进行任何认为必要的兴奋剂检测，以确定参赛运动员是否违反了本规则，任何拒绝接受该检测或证明已违反该规则的参赛运动员将被从最终排名中删除，其排名将由次位参赛运动员递补。

组委会负责做好兴奋剂检查的一切必要准备工作。

WT 反兴奋剂规则的细节应作为章程的一部分制定。

五、量级区分

表 9.1 世界级级别分类

男子组		女子组	
54 kg 以下	54 kg 以下	46 kg 以下	46 kg 以下
58 kg 以下	54 kg 以上 58 kg 以下	49 kg 以下	46 kg 以上 49 kg 以下
63 kg 以下	58 kg 以上 63 kg 以下	53 kg 以下	49 kg 以上 53 kg 以下
68 kg 以下	63 kg 以上 68 kg 以下	57 kg 以下	53 kg 以上 57 kg 以下
74 kg 以下	68 kg 以上 74 kg 以下	62 kg 以下	57 kg 以上 62 kg 以下
80 kg 以下	74 kg 以上 80 kg 以下	67 kg 以下	62 kg 以上 67 kg 以下
87 kg 以下	80 kg 以上 87 kg 以下	73 kg 以下	67 kg 以上 73 kg 以下
87 kg 以上	87 kg 以上	73 kg 以上	73 kg 以上

表 9.2 奥运会级别分类

男子组		女子组	
58 kg 以下	58 kg 以下	49 kg 以下	49 kg 以下
68 kg 以下	58 kg 以上 68 kg 以下	57 kg 以下	49 kg 以上 57 kg 以下
80 kg 以下	68 kg 以上 80 kg 以下	67 kg 以下	57 kg 以上 67 kg 以下
80 kg 以上	80 kg 以上	67 kg 以上	67 kg 以上

表 9.3 青年锦标赛级别分类

男子组		女子组	
45 kg 以下	45 kg 以下	42 kg 以下	42 kg 以下
48 kg 以下	45 kg 以上 48 kg 以下	44 kg 以下	42 kg 以上 44 kg 以下
51 kg 以下	48 kg 以上 51 kg 以下	46 kg 以下	44 kg 以上 46 kg 以下
55 kg 以下	51 kg 以上 55 kg 以下	49 kg 以下	46 kg 以上 49 kg 以下
59 kg 以下	55 kg 以上 59 kg 以下	52 kg 以下	49 kg 以上 52 kg 以下
63 kg 以下	59 kg 以上 63 kg 以下	55 kg 以下	52 kg 以上 55 kg 以下
68 kg 以下	63 kg 以上 68 kg 以下	59 kg 以下	55 kg 以上 59 kg 以下

续表

男子组		女子组	
73 kg 以下	68 kg 以上 73 kg 以下	63 kg 以下	59 kg 以上 63 kg 以下
78 kg 以下	73 kg 以上 78 kg 以下	68 kg 以下	63 kg 以上 68 kg 以下
78 kg 以上	78 kg 以上	68 kg 以上	68 kg 以上

表 9.4　青奥会级别分类

男子组		女子组	
48 kg 以下	48 kg 以下	44 kg 以下	44 kg 以下
55 kg 以下	48 kg 以上 55 kg 以下	49 kg 以下	44 kg 以上 49 kg 以下
63 kg 以下	55 kg 以上 63 kg 以下	55 kg 以下	49 kg 以上 55 kg 以下
73 kg 以下	63 kg 以上 73 kg 以下	63 kg 以下	55 kg 以上 63 kg 以下
73 kg 以上	73 kg 以上	63 kg 以上	63 kg 以上

表 9.5　少年级别分类

男子组		女子组	
33 kg 以下	33 kg 以下	29 kg 以下	29 kg 以下
37 kg 以下	33 kg 以上 37 kg 以下	33 kg 以下	29 kg 以上 33 kg 以下
41 kg 以下	33 kg 以上 41 kg 以下	37 kg 以下	33 kg 以上 37 kg 以下
45 kg 以下	41 kg 以上 45 kg 以下	41 kg 以下	37 kg 以上 41 kg 以下
49 kg 以下	45 kg 以上 49 kg 以下	44 kg 以下	41 kg 以上 44 kg 以下
53 kg 以下	49 kg 以上 53 kg 以下	47 kg 以下	44 kg 以上 47 kg 以下
57 kg 以下	53 kg 以上 57 kg 以下	51 kg 以下	47 kg 以上 51 kg 以下
61 kg 以下	57 kg 以上 61 kg 以下	55 kg 以下	51 kg 以上 55 kg 以下
65 kg 以下	61 kg 以上 65 kg 以下	59 kg 以下	55 kg 以上 59 kg 以下
65 kg 以上	65 kg 以上	59 kg 以上	59 kg 以上

六、竞赛分类与方法

(一)竞赛分类

个人赛一般在相同重量级别的参赛运动员之间进行。必要时，相邻重量级别可重组为新级别。参赛运动员在一场赛事中只允许参加一个级别的比赛。

团体赛：团体赛的竞赛方法和量级区分在《世界跆拳道团队锦标赛指南》中有具体规定。

(二)赛制分类

分单败淘汰制和循环赛制。

奥运会跆拳道项目和四年一次的洲际综合赛事采用单败淘汰制，或单败淘汰制与复活赛制相结合的方式。

WT 认可的所有国际赛事应至少有四个国家参加，且每个重量级别的比赛应至少有四名选手参加。WT 不认可任何少于四个国家参加的赛事或少于四名选手参加的重量级别比赛的结果。

世界跆拳道大奖赛将根据最新的《WT 大奖赛指南》举办。

七、比赛时间

比赛将进行 3 局，每局 2 分钟，局间休息 1 分钟。如果 3 局过后分数持平，休息 1 分钟后进行第 4 局时长 1 分钟的黄金加时赛。

每局比赛时长可根据相关比赛技术代表的决议调整为 1 分钟×3 局，1 分 30 秒×3 局，2 分钟×2 局或 5 分钟×1 局(每位参赛运动员有 1 次 30 秒的暂停时间)。

八、抽签

抽签日期应在竞赛规程中明确。每队至少派一名代表参与抽签，参赛队伍有责任在抽签前确认其参赛。如果有参赛队伍无法派代表参与抽签，则应指定一名代理人并在抽签前告知技术代表或组委会。

抽签方式包括电脑随机抽签和人工随机抽签。抽签的方法和顺序应由技术代表决定。

根据 WT 的积分排名，一部分选手为种子选手。种子选手的人数应在竞赛指南或规程中列出。在 WT 认可的所有比赛中，至少有 25%的选手将获得种子选手资格。

九、称重

比赛日前一天组织参赛运动员进行称重。称重时间由赛事组委会决定并在领队会议上宣布。称重必须在 2 小时内完成。

比赛日上午将在场馆进行随机称重。所有通过称重的参赛运动员必须在比赛开始前两小时到达现场并参与随机称重。若参赛运动员没有参与随机称重，将被取消参赛资格。随机称重必须在每天比赛的 30 分钟前完成。

随机称重的比例应在竞赛规程中或在领队会议上说明。在比赛开始前最多两小时内，计算机系统将随机拍选参赛运动员进行称重。

随机称重的参赛运动员体重允许在其参赛公斤级别有 5%的浮动。体重不达标的选手无法进行随机称重。

在称重过程中，男选手穿着内裤，女选手穿着内裤和内衣。如选手要求，可以裸体称重。青少年参赛运动员必须穿着内衣进行称重，并允许有 100 克的数差。

称重只进行一次，但是，在时间允许范围内，第一次称重不合格的参赛运动员可进行二次称重。每位参赛运动员只能进行一次随机称重，不允许有第二次称重。

为防止称重不达标，应在参赛运动员的住宿地点或在比赛场馆内放置试称体重秤以供其进行预称重。

十、竞赛程序

参赛运动员检录：运动员检录台将在比赛预计开始前 30 分钟呼叫参赛选手姓名三次。若参赛运动员在第三次检录时未能报到，将宣布其失格。

检录后，参赛运动员应接受 WT 指定检查员在指定的检查台对其进行身体、服装及用品检查。参赛运动员不得违抗检查，不得使用任何可能对其对手产生伤害的物品。

进入竞赛区域：检查后，参赛运动员应在一名教练、一名队医或理疗师(如有)的陪同下进入教练区。

赛前赛后程序为：

第一，每场比赛开始前，主裁给出“青、红”的口令，双方参赛运动员左臂夹头盔进入竞赛区域。若参赛运动员未到场，或在教练区未及时穿戴全套服装，包括全套护具、制服等，他/她将被视为弃权，主裁将宣布对手为获胜方。

第二，双方运动员相向站立，听到主裁发布“立正和敬礼”的口令时互相鞠躬。鞠躬时自然站立，腰部前屈不小于 30 度，头部前屈不小于 45 度。鞠躬完毕后，运动员戴上头盔。

第三，主裁发出“准备和开始”口令，开始比赛。

第四，每局比赛由主裁发出“开始”口令即开始。

第五，每局比赛由主裁发出“停”口令来结束，即使主裁没有发出“停”的口令，比赛仍将按照规定的时间结束。但比赛结束后，主裁仍然可以给出“扣分判罚”指令并计入分数。

第六，当主裁给出“分开”的口令时，比赛暂停；当主裁给出“继续”的口令时，比赛继续。记录员必须在听到“分开”的口令时立即停止读秒，并在听到“继续”的口令时立即恢复读秒。

第七，最后一局比赛结束后，主裁向获胜方举手并宣布其获胜。

第八，选手退场。

团体赛程序为：

第一，双方队伍应按照提交的参赛队伍顺序，面朝第 1 边界线方向相向列队站立。

第二，赛前赛后程序按照本章第 4 条进行。

第三，双方队伍需到比赛场外指定的区域等候上场。

第四，末局结束后，双方队伍立即进场相向列队站立。

第五，主裁向获胜方举手示意。

十一、合规技术与区域

（一）合规技术

拳的技术：紧握拳头并使用正拳进行正面攻击的技术。

脚的技术：使用踝关节以下脚的部位进行攻击的技术。

（二）合规区域

躯干：允许使用拳的技术和脚的技术攻击被护具包裹的躯干部位，但禁止攻击后背脊柱。

头部：指锁骨以上的部位，只允许使用脚的技术进行攻击。

十二、有效得分

（一）得分区域

躯干：护胸的蓝色或红色区域。

头部：头盔底边上方的所有头部区域。

（二）有效得分标准

通过合法技术，以一定力度击打躯干得分区域，则得分。

通过合法技术，打击头部得分区域，则得分。

除拳的技术外，技术、击打力度或击打部位的有效性将由电子计分系统判定。PSS的判定不可录像审议。

WT技术委员会应根据选手重量级别、性别和年龄段，决定击打力度和PSS的感应度，在某些必要的情况下，技术代表可以重新校准有效的击打程度。

（三）有效得分如下

1. 有效拳击打护胸得1分
2. 有效踢腿技术击打护胸获得2分
3. 有效转身技术击打护胸获得4分
4. 有效技术击打头部获得3分
5. 有效转身技术击打头部获得5分
6. 选手犯规，对方选手获得1分

比赛成绩为3局比赛分数总和。

无效得分：当参赛运动员的记录得分有犯规行为时。如在得分后发生犯规行为，主裁应宣布对犯规行为的判罚并宣布得分无效。

十三、计分和公布

有效得分的计分应主要由安装在 PSS 上的电子计分系统判定。拳技术的得分或转身技术所得的额外分数应通过手动计分装置判定。如果未使用 PSS，所有得分将通过边裁手动计分进行判定。

如果头部 PSS 没有与躯干 PSS 同时运用，通过脚的技术击打头部的得分将通过边裁手动计分进行判定。

如果 PSS 判定转身技术得分无效，则其所得的额外分数也将失效。

在三个角设置了边裁的情形下，需要两名或以上的边裁确认有效得分。

在两个角设置了边裁的情形下，需要两名边裁确认有效得分。

如果主裁发现一名选手被击打头部后出现站立不稳，流血或倒下的情况，则开始读秒，但头部 PSS 未记录本次得分，主裁可在读秒后要求 IVR 判定是否得分。

十四、违规行为及判罚

判罚由主裁宣告。

违规行为将由主裁以“严重犯规”口令进行扣分判罚。

一次“扣分”将给予对方选手一分。

以下属于违规行为，将给予“严重犯规”扣分判罚。

第一，越出边界线。

第二，倒地。

第三，故意回避或消极比赛。

第四，抓或推对方运动员。

第五，抬腿阻碍，或踢对方运动员腿部以阻挡其进行腿部进攻，或抬腿或空踢超过 3 秒以阻碍对方运动员的可能进攻动作，或瞄准对方腰以下部位攻击。

第六，攻击对方运动员腰部以下部位。

第七，在主裁发出分开口令后攻击对方运动员。

第八，用手攻击对方运动员头部。

第九，用膝部顶撞或攻击对方运动员。

第十，攻击已倒地的对方运动员。

第十一，近身的情况下，如运动员膝关节朝外使用脚侧或脚底踢击 PSS 躯干(猴踢、鱼踢)。

第十二，选手或教练的不良行为。包括：

①不遵守主裁的指令或判定。

②对官员的判定的不当抗议行为。

③试图扰乱或影响比赛结果的不当行为。

④激怒或侮辱对方选手或教练。

⑤发现未经认证的医生或其他队伍人员坐在医生席。

⑥选手或教练的任何其他严重不当行为或违反体育道德的行为。

当教练或选手行为不当并且不听从主裁指令时，主裁可以出示黄牌宣布处罚。在这种情况下，竞赛监督委员会应调查参赛选手或教练的行为，并判定处罚是否恰当。

如果参赛选手故意一再拒绝遵守本规则或主裁的指令时，主裁可在比赛结束时出示黄牌并宣布对方选手获胜。

如果检查台的主裁或在比赛区域的官员认为，参赛选手或教练试图操纵 PSS 传感器的灵敏度，或用不恰当的行为改造 PSS 以影响其功能，如有必要，他们会与 PSS 的技术人员商榷以做判定。若为事实，该选手将被取消参赛资格。

当参赛选手累计“扣分”次数达十次，主裁应通过判罚犯规宣布该名选手为败方。

同时应将“扣分”计入三局比赛的总分。

十五、黄金得分与优势判定

若在第 3 局之后仍不能确定获胜方，将加赛第 4 局(黄金加时赛)，为时一分钟。

若参赛选手进入黄金加时赛，前三局的所有分数均为无效。

在黄金加时赛中先得分超过两分的选手，或其对手获得两次“扣分”，则其为获胜方。

在黄金加时赛后，若双方均未获得两分，将根据以下条例确定优先获胜方：

第一，在黄金加时赛中通过拳的技术获得一分的选手。

第二，若没有选手通过拳的技术得分或双方都通过拳击获得一分，获胜方为 PSS 记录的击打数较高者。

第三，若 PSS 记录的击打次数持平，获胜方为前三局获胜局数较多的选手。

第四，若双方获胜局数持平，获胜方为四局比赛中犯规次数较少的选手。

第五，若依据上述三条，判定结果仍相同，则主裁和边裁应基于黄金加时赛的结果进行优势判定。若主裁和边裁的优势判定结果相同，由主裁决定优胜者。

十六、获胜方式

第一，主裁终止比赛胜。

第二，最终得分胜。

第三，分差胜。

第四，黄金得分胜。

第五，比分或优势胜。

第六，弃权胜。

第七，失格胜。

第八，主裁判罚犯规胜。

第九，不道德行为失格胜。

十七、击倒

在进行合规攻击时，应宣布击倒：

第一，由于对手得分技术的力量，导致除双脚以外的身体任何部位触地。

第二，由于对方的得分技术，导致选手身体摇晃，丧失继续比赛的意识和能力。

第三，由于合法的得分技术，裁判判定被攻击的运动员无法继续比赛。

十八、击倒事件的处理程序

当选手因对手的合法攻击而被击倒时，裁判应采取以下措施。

第一，主裁发出“分开”口令暂停比赛，并将进攻者置于远处。记录员应在裁发出“分开”口令后停止比赛计时。

第二，主裁大声从“1”到“10”向被击倒的运动员读秒，每间隔 1 秒读 1 次，并用手势在其面前提示时间。

第三，即使被击倒的运动员在读秒过程中示意可以继续比赛，主裁也必须读到“8”，使其获得休息，并确认是否恢复，如已恢复就发出“继续”口令继续比赛。

第四，主裁读到“8”时，被击倒的运动员仍无法示意可以继续比赛，则通过裁判停止比赛宣判另一方运动员“击倒胜”。

第五，即使一局或整场比赛时间结束，主裁也要继续读秒。

第六，如果双方运动员同时被击倒，有任何一方尚未恢复，主裁将继续读秒。

第七，读秒到“10”后双方运动员均不能恢复，应按“击倒”前的比分判定胜负。

第八，主裁判定一方运动员不能继续比赛，可以不读秒或在读秒过程中宣判另一方运动员获胜。

赛后程序：因任何部位受重伤的运动员在提交相关国家联盟指定的医生证明后，未经WT医疗主席批准，随后三十天内不得参加比赛。

除需紧急治疗情况外，任何受重伤的运动员必须在比赛结束后立即由场馆医生进行评估，并由医务主任(MC)在医务室确认。

凡因头部受伤而被击倒的运动员，必须按照WT医疗规则由医务人员在医务室进行检查。场馆医生必须在运动员头部受伤后30分钟内对其进行SCAT5(脑震荡评估)。

根据SCAT5评估诊断脑震荡的选手将被停赛30天(成年)、45天(青少年)或60天(少年)。

十九、暂停竞赛的处理程序

当一方或双方运动员因受伤而中断比赛时，主裁应采取以下措施，然而，若暂停比赛的原因非受伤等因素，主裁应宣告“暂停”，再宣告“继续”恢复比赛。

第一，主裁发出“分开”口令，并指示记录员暂停时间。

第二，主裁应允许运动员在一分钟内接受大会组委会医生紧急治疗；若组委会医生缺席或判断有必要进一步治疗时，主裁可允许随队医生进行紧急治疗。

如有必要，组委会医生可要求延长时间(最多2分钟)。

如果没有组委会医生、随队医生或医疗主席在场，可要求赛场附近的任何医生(或医疗助理)为运动员提供急救。

如果受伤运动员一分钟后不能继续比赛，主裁应宣告其对手获胜。

因“扣分”行为造成一方运动员受伤，1分钟后不能恢复比赛，主裁判犯规者负。

双方运动员同时受伤，1分钟后均不能继续进行比赛时，按受伤前双方得分判定胜负。

如果主裁判定运动员仅是撞击的疼痛，应宣告“分开”，再宣告“起身”，如果运动员拒绝继续比赛，主裁于宣告三次“起身”口令之后，应宣告“裁停止比赛”。

如果主裁认定运动员已经受伤，例如骨折、脱臼、足踝扭伤或出血，应在宣告“计时”后，允许运动员接受一分钟的急救治疗。主裁在宣告“起身”指令后，若发现确认运动员受到上述类别的伤害，可以允许运动员接受急救治疗。

因伤停赛：如果主裁认定运动员已经受伤，例如骨折、脱臼、足踝扭伤或出血，应咨询医务委员会主席或主席指派的委任医生。如果运动员因相同的方式再次受伤，医务委员会主席或是主席指派的委任医生可建议主裁停止竞赛，并宣告伤者落败。

二十、技术官员

（一）技术代表

资格：世界跆拳道联盟主席可根据世界跆拳道联盟秘书长的推荐，为 WT 主办的赛事指派技术代表。

任务：技术代表负责确保世界跆拳道联盟竞赛规则的正确实施，并主持领队会议以及抽签。抽签、称重与竞赛结果须经技术代表认可后才能对外正式公布。技术代表在竞赛区域以及在与竞赛管理委员会协商竞赛总体的技术事项中有最终决定权。技术代表应就有关竞赛规则没有规定的任何事项作出最后的决定。技术代表也担任竞赛管理委员会主席。技术代表负责报告赛事评估事项。

（二）竞赛监督委员会成员

资格：竞赛监督委员会成员应由 WT 主席根据秘书长的推荐，从具有足够跆拳道比赛经验和知识的人员中任命。

组成：WT 主办的赛事上，竞赛监督委员会应由一名主席与不超过四人的成员组成。世界跆拳道联盟组委会、裁判委员会与跆拳道医务委员会以及跆拳道运动员委员会的主席，应列为当然委员。不过，如有必要，主席可调整人员构成。

任务：竞赛监督委员会应协助技术代表处理竞赛事务与相关技术的问题，以确保竞赛得以顺利进行。竞赛监督委员会主要负责评估审核陪审与裁判员的表现。竞赛管理委员在竞赛过程中也应兼任临时制裁委员会，以处理关于管理竞赛方面的事务。

（三）裁判人员

资格：WT 注册的国际裁判证书持有者。

1. 主裁

裁判掌握和控制整场比赛。

比赛过程中根据场上情况，即时发出“开始”、“分开”、“暂停”、“继续”、“计时”、“结束”、减分或判罚等口令，并判定胜负。

依据本规则独立行使判决权利。

原则上主裁不参与计分，但是，如果比赛中 1 名以上的边裁举手提示有得分未被计分，主裁将召集边裁（一位主裁＋三位边裁）进行合议。在两位边裁要求下更改判决，主裁必须接受并更正判决。在一位主裁＋二位边裁的编制下，有两位裁判同意即可修改计分结果。

在第 15 条所界定的情况，如有必要，应在四局结束后由裁判官员作出优势判定。

2. 边裁

即时计分。

当主裁提出要求时，如实回答主裁的问询。

3. 录像审议员

录像审议员应审查即时回放，并在 30 秒内将决定通知主裁。

4. 技术助理

技术助理在竞赛过程中应保持监控记分牌计分、宣告判罚与时间是否正确，并立即通知主裁在这方面出现的任何棘手问题。

技术助理应与系统操作与记录人员保持密切沟通以通知主裁开始或停止竞赛。

技术助理应手动记录所有的分数、判罚与实时录像回放审查(IVR)结果在技术助理的报表上。

5. 各竞赛场地裁判人员的组成

由一名主裁和三名边裁组成。

由一名主裁和两名边裁组成。

6. 裁判员的指派

主裁和边裁的指派应在比赛时间表确定后进行。

同场赛事中，主、边裁不得与参赛运动员具有相同国籍。但当裁判员人数不足时，边裁可例外。

裁判责任：主裁和边裁的判定为终局判定，其判定内容向竞赛监督委员会负责。

7. 制服

主裁和边裁应穿着 WT 指定的制服。

裁判员不得携带可能妨碍比赛的物品进入比赛场地。如有必要，裁判员在比赛场地使用手机可能会受到限制。

(四)记录员

记录员负责竞赛计时、暂停时间、终止竞赛以及记录并公布比分与违规。

二十一、即时录像回放

若在比赛期间对裁判员的判决有异议，教练可以提出录像回放要求，具体如下。

第一，给予对方运动员的判罚：倒地、越过边界线、“分开”后攻击、攻击已倒地的运动员。

第二，技术分(旋转技术得分)。

第三，对我方运动员的任何判罚。

第四，任何机械故障或时间管理错误。

第五，裁判员判罚扣分“严重犯规”后的漏减分。

第六，裁判员对用拳攻击运动员的错误判定。

当教练员申诉时，主裁应走近教练席并询问申诉理由。提出录像审议申诉的范围仅限于主裁在竞赛规则的应用，边裁的计分以及判罚上的错误。任何关于由PSS电子护具计分系统所确认的脚部或是以正拳攻击得分的申诉，皆不获得采纳。即时录像回放审议的范围仅限于教练针对发生的一个动作，并于五秒内提出的请求。一旦教练举出红色或蓝色卡要求即时录像回放时，除非教练满意边裁合议结果，不论任何情况都将视其使用了申诉的限额。

主裁应要求录像审议员进行即时录像回放审查，录像审议员必须与运动员国籍不同，方可审查即时录像回放。

在对即时录像重放进行审查后，录像审议员应在收到请求后30秒内将审查结果告知主裁。

每场比赛中，教练员可以提出一次“录像审议”申请。但是，根据赛事的规模和级别，技术代表可以在领队会议期间决定申请名额。如果该次申请成功且相关判罚或计分被更正，可继续提出申请。

录像审议员的判决是最终判决，在比赛中和比赛后不接受更进一步的申诉。

若出现比赛结果判定错误、比分计算错误或者运动员身份识别错误的情况，应当在比赛期间随时要求复核、纠正。一旦主裁和边裁离开比赛区，任何人都不能要求复审或改变判定结果。

若申诉成功，竞赛监督委员会可在竞赛结束时对竞赛进行调查，并在必要时对有关裁判官员进行处罚。

在第三局最后十秒或黄金加时赛中的任何时间，当教练员没有申诉配额时，任何边裁都可以要求加减技术分。

在没有即时视频回放系统的比赛中，将采用以下抗诉程序。

第一，如对比赛结果有异议，须在该场比赛结束后10分钟内，由参赛队代表向仲裁委员会(竞争监督委员会)提交申诉书，并交纳不可退还申诉费200美元。

第二，重新评估审议应排除与运动员相同国籍的成员，审议决议采取多数决议。

第三，仲裁委员会(竞赛管理委员会)委员可召集当事裁判确认事件。

第四，仲裁委员会(竞赛管理委员会)的裁决结果为最终判定，不受理任何形式的申诉。

审议程序如下：

第一，允许申诉国的教练或领队向仲裁委员会做简短的口头陈述，以支持自己的立场。允许申诉国的教练或领队提出简短反驳声明。

第二，审查抗议申诉后，遭抗议的竞赛应依据“可接受”或“不接受”的判据准则进行。

第三，必要时仲裁委员会(竞赛管理委员会)可听取主裁与边裁的意见。

第四，必要时仲裁委员会(竞赛管理委员会)可检视判决证据，例如书面或影像记录资料。

第五，审议后，仲裁委员会(竞赛管理委员会)应进行不记名投票并依多数决议。

第六，仲裁委员会(竞赛管理委员会)主席将审议结果汇集成报告，并公诸于众。

裁决后的程序：

第一，在确定比赛结果、计分或参赛运动员身份识别时出现错误，将导致裁决被推翻。

第二，适用规则错误：当仲裁委员会确定裁判在适用竞赛规则时有明显错误时，应纠正错误结果并处罚裁判。

第三，在事实判断上的错误：当竞赛管理委员会裁决有明显错误判决时，例如击打力度、严重的行为或动作意图、行为区域或宣告的时间等，裁决不会进行更改，判决错误的裁判则应受到处分。

二十二、听障跆拳道竞赛

本条例概述了对听障跆拳道竞赛规则的修改。对于未涵盖的事项，将适用 WT 竞赛规则。

运动员资格：参赛运动员必须已通过《世界残障跆拳道和听障跆拳道分类法则》的程序分类，并已被列为具有竞技等级与竞技等级的状态。

体重分类：奥运会体重分类适用于听障跆拳道比赛。

世界听障跆拳道锦标赛将根据世界听障跆拳道锦标赛的最新操作程序主办。

二十三条、制裁

当教练、参赛运动员、官员或国家会员协会的任何成员有不当行为时，WT 主席、秘书长或技术代表可要求召集现场特别制裁委员会进行审议。

特别制裁委员会应审议此事，并可传唤有关人员确认事件。

特别制裁委员会应审议此事，并确定应采取的纪律行动。审议结果应立即向公众公布，并以书面形式连同相关事实和理由，报告给 WT 主席或秘书长。

运动员潜在违规行为：

第一，不服从主裁的指令完成比赛，结束流程，包括不参加获胜者宣布仪式。

第二，为表示对判定结果的不满而投掷物品(头盔、手套等)。

第三，比赛结束后不离开比赛区域。

第四，在裁判的一再命令下不回到比赛中。

第五，不遵守竞赛官员的裁决或命令。

第六，不遵守竞赛管理官员关于有序管理活动的合理指示。

第七，篡改 PSS 的计分器、传感器或任何部分。

第八，比赛中任何严重违反体育道德行为或对竞赛管理官员的过激行为。

教练、领队或其他 MNA 会员的潜在违规行为：

第一，在一局比赛中或之后对官员的裁决提出申诉或提出异议。

第二，与裁判或其他官员(们)争执。

第三，比赛中对官员、对方或观众有过激言行。

第四，煽动观众或散布谣言。

第五，指示运动员参与不当行为，如赛后留在比赛区域。

第六，投掷或踢打私人物品或竞赛材料等暴力行为。

第七，不按照竞赛官员的指示离开比赛场地或场馆。

第八，任何对竞赛管理官员的其他严重不当行为。

第九，任何贿赂竞争事务官员的企图。

纪律处分：特别制裁委员会发布的纪律处分可根据违规程度而有所不同，可给予以下裁决。

第一，取消运动员资格。

第二，警告并下令正式道歉。

第三，撤销认证。

第四，禁止进入比赛场地。

一是当日禁赛。

二是赛事期间禁赛。

第五，取消比赛结果。

一是取消比赛结果和所有相关积分。

二是取消 WT 积分排名。

第六，禁止运动员、教练员或队伍关于参加所有 WT 赛事活动(包括 CU 和 MNA 级别的赛事)

一是禁赛 6 个月。

二是禁赛 1 年。

三是禁赛 2 年。

四是禁赛 3 年。

五是禁赛 4 年。

第七，禁止 MNA 参加 WT 主办或认可的赛事。

一是指定锦标赛。

二是规定时间内(最多四年)的所有锦标赛。

第八，每次违规罚款 100～5000 美元。

特别制裁委员会可向 WT 建议对涉事人员采取额外纪律行动，包括但不限于长期停职、终身禁赛或额外罚款。

根据《WT 争端解决和纪律处分章程》第 6 条，特别制裁委员会可采取纪律处分。

二十四、本规定未明文规定的情况

出现本规则未明文规定的情况，按以下办法处理：

第一，与比赛相关的事宜，根据该场比赛临场裁判员的一致意见决定。

第二，与整个赛事中具体比赛无关的事项，如技术事项、比赛事项等，由技术代表决定。

附一：竞赛表格

表 9.6　检查台记录表

级别________　　　　日期________

运动员信息	护胸	头盔	护裆	护臂	护腿	护齿	手套	松紧度	裁判员签字
姓名________ 场次________									
姓名________ 场次________									
姓名________ 场次________									
姓名________ 场次________									
姓名________ 场次________									
姓名________ 场次________									
姓名________ 场次________									

表 9.7　级别称重表

地址：　　　　　　　　　　　　　　　　　　　　　　　　　时间：

序号	姓名	单　位	注册号码	称重(kg)第一次	称重(kg)第二次	是否合格	选手签名
1							
2							
3							
4							
5							
11							
12							

合格者打“√”，不合格者打“×”

称重人数：________　　合格人数：________　　不合格人数：________

称重裁判员签字：____________

仲裁委员签字：____________　　队代表签字：________

称重须知：____________

①

②

③

④

表 9.8　比赛记录表

日期：

体重级别：　　　　　　　　　　　　　　　　　　　　　　　比赛场次：

青方				红方		
警告	扣分	得分	局数	得分	扣分	警告
			1			
			2			
			3			
			总分			
			胜负			

K. O 胜	R. S. C 胜	判定胜	弃权胜	失格胜	犯规胜

裁判员签字：

表 9.9　优势判定卡

青方	局数	红方
(A) (NT) (AT) (M)	4	(A) (NT) (AT) (M)
Y (A)——主动性、攻击性　　(NT)——技术动作数量 (AT)——主难度动作数量　　(M)——态度及表现 日期： 场次：　　裁判员签字：		

表 9.10　临场裁判员选派表

场次：

临场裁判	编　号	姓　名
主裁判		
1 号裁判		
2 号裁判		
3 号裁判		
4 号裁判		

批准：　　裁判长签字：

表 9.11　申诉表

申诉队		比赛级别		比赛时间	
比赛双方运动员		青方：			
		红方：			
申诉理由：（什么时间、地点、得分技术动作） 领队、教练员签字： 日期：					

表 9.12　跆拳道竞技比赛裁判员标准口令

序号	裁判口令	解释	序号	裁判口令	解释
1	Chung	青方	16	Chung-Seung	青方获胜
2	Hong	红方	17	Hong-Seung	红方获胜
3	Cha-ryeot	立正	18	Video Replay	即时录像审议
4	Kyeong-rye	敬礼	19	Woo-se-girok	优势记录
5	Joon-bi	准备	20	Ha-nah	一
6	Shi-jak	开始	21	Duhl	二
7	Kal-yeo	分开	22	Seht	三
8	Keu-man	结束	23	Neht	四
9	Kye-sok	继续	24	Da-seot	五
10	Kye-shi	计时	25	Yeo-seot	六
11	Shi-gan	暂停	26	Ll-gop	七
12	Kyong-go	警告	27	Yeo-dul	八
13	Gam-jeom	扣分	28	A-hop	九
14	Joo-eui	注意	29	Yeol	十
15	Fight	进攻	30	Hyu-sik	休息

附三：跆拳道竞技比赛裁判员标准手势

1. 运动员进场

向上曲肘抬臂，伸出食指，发出“青”，“红”的口令，同时双手食指指向运动员的位置。

2. 立正/敬礼

曲臂上举，掌心相对，五指并拢至眉高，发出“立正”的口令，两掌心相对下按，使前臂在胸前成一直线，同时发出“敬礼”的口令。

3. 准备

右手掌曲臂至右耳处，左脚向前一步成左前弓步，右手臂迅速向下伸直，略高于腰部，同时发出“准备”口令，左手握拳自然下垂。

4. 开始

从“准备”姿势略收左腿，双臂在胸前张开，然后迅速向中间合拢，同时发出“开始”的口令。

5. 分开/结束

左腿向前一步成左前弓步，发出“分开”或“结束”的口令，同时右手迅速劈下，动作同“准备”。

6. 继续

右手直臂平伸，迅速曲臂至右耳处，同时发出“继续”口令。

7. 宣告胜负

主裁判发出口令和手势，令双方行礼。(先做立正/敬礼的手势)青方获胜时，主裁判右手握拳曲臂至胸前手掌伸开向右上方迅速举起，同时发出“青胜”的口令，红方获胜，动作相同，方向相反即可，口令为“红胜”。

8. 计时

用右手指指向计时台，并发出“计时”口令。

9. 暂停

伸出双手食指交叉成“X”型，并发出“暂停”口令。

10. **读秒**

双手握拳，按右手拇指到左手小指的顺序依次伸直，开始读秒并显示给运动员，当读到“5”和“10”的时候掌心要面向运动员。

11. **判罚警告**

发出“分开”口令后，面向犯规者，伸出右手食指指向该运动员，并发出“青”或“红”“警告”的口令(警告口令发出第二次时一般加韩国语固有数词)动作为右手握拳曲肘至左肩，再用力挥出食指，指向犯规者。

12. **判罚扣分**

发出“分开”口令后，面向犯规者，伸出右手食指指向该运动员，同时发出“青”或“红”，立正姿势，右臂伸直，向上高举食指，并发出“扣分”口令(因为每次只罚一分所以可以省略韩国固有数词)。

13. **边裁判员**

比赛中，边裁判员应该后背挺直，坐姿端正，认真观察场上比赛形式，随时对突发情况做出判断。当视线被主裁判员或一方运动员挡住时，应该即离座寻找最佳角度。

14. 提示合议

边裁判员不离开座位，举起右手，掌心面向主裁判员。

第二节　跆拳道品势比赛规则

本规则共二十二条，具体如下。

一、目的

本规则是中国跆拳道协会(CTA)根据世界跆拳道联盟(WTF)跆拳道品势比赛规则而制定的，是中国跆拳道协会及其所属团体会员单位主办或组织的品势跆拳道竞技所使用的统一规则，目的是保证竞赛公平顺利地进行。

二、适用范围

本规则适用于中国跆拳道协会及其所属团体会员举办的各类跆拳道品势比赛。如需改动有关条款，须经中国跆拳道协会认可。

三、比赛场地

比赛场地为 12 米×12 米水平、无障碍物、正方形的场地。

比赛场地应铺设有弹性的、平整的、经中国跆拳道协会认定或推荐的专用比赛垫子。必要时，比赛场地可根据实际需要置于高于地面 0.5～0.6 米的平台上。为保证运动员的安全，比赛场地边界线外应有与地面夹角小于 30 度的斜坡。

(一)比赛场地的划分

第一，12 米×12 米的正方形场地内为比赛区。

第二，比赛场地四周的外缘线称为警戒线。

(二)位置

第一，裁判员数量(7 名裁判员)。

第二，主裁判员位置(1 号裁判员席)。

第三，运动员位置(在比赛场地中心点向 3 号警戒线方向 1 米处)。

第四，记录员席(位于 2 号警戒线中心向外 2 米处)。

第五，执行员位置(在赛场内 1 号警戒线与 4 号警戒线交点处向选手位置 1 米处)。

第六，教练员位置(3 号警戒线与 4 号警戒线交点处向场地外 3 米处)。

第七，检查台位置(在赛场入口处设置检查台)。

四、运动员

(一)运动员资格

第一，在中国跆拳道协会注册的团体会员及个人会员。

第二，当年度在中国跆拳道协会注册。

第三，根据比赛要求，持有韩国国技院授予的品、段位或中国跆拳道协会颁发的级别证书。

第四，符合竞赛规程各年龄组要求。

(二)比赛服装

身着白色道服，并且是中国跆拳道协会认可的品牌。

(三)药物控制

禁止使用或服用被国际奥委会禁用的药品。

中国跆拳道协会认为需要时可进行药检，以确认运动员是否违反规定，任何拒绝药检或药检证明触犯有关规定者，将取消其比赛成绩，并将比赛成绩顺序递补给其后的运动员，同时根据有关规定对该名运动员进行处罚。

组委会有义务保障药检工作。

严格执行中国跆拳道协会关于违禁药物的其他规定。

五、比赛的种类

(一)个人比赛

第一，男子个人赛。

第二，女子个人赛。

(二)混双比赛

(三)团体比赛

第一，男子团体赛。

第二，女子团体赛。

六、组别划分及竞赛内容

表 9.13　世锦赛比赛组别划分及竞赛内容

<table>
<tr><th colspan="2">组　别</th><th>青少年组
(14～18 岁)</th><th>成年一组
(19～30 岁)</th><th colspan="2">成年二组
(31～40 岁)</th><th>壮年一组
(41～50 岁)</th><th>壮年二组
(51 岁以上)</th><th></th></tr>
<tr><td rowspan="2">个人</td><td>男子</td><td rowspan="2">太极 4、5、6、7、8 章，高丽，金刚，太白</td><td rowspan="2">太极 6、7、8 章，高丽，金刚，太白，平原，十进</td><td colspan="2" rowspan="2">太极 6、7、8 章，高丽，金刚，太白，平原，十进</td><td rowspan="2">太极 8 章，高丽，金刚，太白，平原，十进，地跆，天拳</td><td rowspan="2">高丽，金刚，太白，平原，十进，地跆，天拳，汉水</td><td></td></tr>
<tr><td>女子</td><td></td></tr>
<tr><td colspan="2">组　别</td><td colspan="3">第一组
(14～35 岁)</td><td colspan="3">第二组
(36 岁以上)</td><td></td></tr>
<tr><td colspan="2">混　合</td><td colspan="3">太极 6、7、8 章，高丽，金刚，太白，平原，十进</td><td colspan="3">太极 8 章，高丽，金刚，太白，平原，十进，地跆，天拳</td><td></td></tr>
<tr><td rowspan="2">团体</td><td>男子</td><td colspan="3" rowspan="2">太极 6、7、8 章，高丽，金刚，太白，平原，十进</td><td colspan="3" rowspan="2">太极 8 章，高丽，金刚，太白，平原，十进，地跆，天拳</td><td></td></tr>
<tr><td>女子</td><td></td></tr>
<tr><td></td><td></td><td></td><td></td><td></td><td></td><td></td><td></td><td></td></tr>
</table>

表 9.14　全国比赛组别划分及竞赛内容

分类	组别(男、女)	第一指定品势	第二指定品势
个人	儿童组(8 岁以下)	太极 1、2、3 章	太极 4、5、6 章
	少儿组(9～12 岁)	太极 3、4、5 章	太极 6、7、8 章
	少年组(13～17 岁)	太极 5、6、7 章	太极 8 章、高丽、金刚
	青年 1 组(18～24 岁)	太极 8 章、高丽、金刚	太白、平原、十进
	青年 2 组(25～30 岁)	太极 8 章、高丽、金刚	太白、平原、十进
	成年 1 组(31～40 岁)	太白、平原、十进	地跆、天拳、汉水
	成年 2 组(41 岁以上)	太白、平原、十进	地跆、天拳、汉水
混双	少儿组(12 岁以下)	太极 4、5、6 章	太极 7、8 章、高丽
	少年组(13～17 岁)	太极 6、7、8 章	高丽、金刚、太白
	青年组(18～30 岁)	太极 8 章、高丽、金刚	太白、平原、十进
	成年组(31 岁以上)	金刚、太白、平原	十进、地跆、天拳
团体	少儿组(12 岁以下)	太极 4、5、6 章	太极 7、8 章、高丽
	少年组(13～17 岁)	太极 6、7、8 章	高丽、金刚、太白
	青年组(18～30 岁)	太极 8 章、高丽、金刚	太白、平原、十进
	成年组(31 岁以上)	金刚、太白、平原	十进、地跆、天拳

续表

分类	组别(男、女)	第一指定品势	第二指定品势
注：1. 个人比赛一般在同年龄组运动员之间进行。必要时，可把相邻两个组别合并产生一个新的组别。任何运动员在一次赛事中只允许参加一个组别的比赛。 2. 混双比赛的参赛运动员为同年龄组的男、女运动员各一人。 3. 团体比赛的参赛运动员为同年龄组、同性别的3～5名运动员。			

七、比赛方式

(一)中国跆拳道协会主办的全国性竞赛每个组别至少有5名(组)

运动员参赛，不足5名的根据情况可与邻近组别合并。

(二)比赛方式按下面方式划分

1. 单败淘汰制

在没有电子打分器的情况下，采用单败淘汰制。

2. CUT OFF制

在使用电子打分器的情况下，采用CUT OFF制。

(1)预赛

从各组别第一指定品势中抽选一种进行比赛；根据预赛得分高低，从参赛运动员中选拔出前50%运动员进入半决赛。

(2)半决赛

从各组别第二指定品势中抽选一种进行比赛；根据半决赛得分高低，选拔出前8名运动员进入决赛。

(3)决赛

从各组别第二指定品势中排除半决赛制定的品势后，抽选两种品势比赛，取两套品势的平均分，根据决赛得分高低选出前3名进入决赛。

世界锦标赛则是从各组别所有竞赛规定品势中任意抽选一种，再自动连接下一套品势进行初赛，如初赛抽中高丽，则表示初赛要打高丽、金刚两套品势。然后再按上以形式，在排除已抽出品势后，抽取半决赛、决赛的品势，每一阶段打两套品势，取两套品势的平均分决定运动员名次再进入下一轮比赛。

八、比赛时间

每场比赛时间为1分30秒；决赛时，在两套品势之间休息1分钟。(世锦赛则是在每阶段比赛每套品势间休息1分钟)

九、抽签

抽签方式包括电脑抽签和人工抽签两种。

抽签在中国跆拳道协会官员及有关人员组织下，在比赛开始前的参赛队、领队代表会议上进行。

抽签结果在代表会上当场公布。

没有参加抽签仪式的参赛队必须完全接受抽签结果。

十、犯规行为与处罚

犯规行为由场内主裁判判罚。

处罚分为警告和扣分。

教练员及运动员有下列行为时，主裁判员将依据对大赛的消极影响程度对其进行警告或扣分处罚，其行为包括但不限于：

第一，运动员或教练员有不良言行。

第二，运动员或教练员打断比赛进程或使用过激言语、严重违反体育道德。

第三，运动员违背竞赛规则或故意不服从裁判员的判分结果。

第四，为了影响裁判员或执行员的判断而煽动群众。

第五，其他影响比赛进行或产生恶劣影响的行为。

主裁判下达“警告”或“扣分”而暂停比赛时，比赛时间根据主裁判员发出“暂停”口令的同时而暂停，直到主裁判发出“继续”口令，比赛继续进行。

十一、比赛程序

(一)运动员检录

比赛检录员在比赛检录处按出场顺序进行运动员检录，每次 10 场比赛(比赛开始 1 分钟内未到场的运动员将取消其比赛资格)。

(二)身体及服装检查

检录完毕的运动员到规定的检查员处进行身体及服装检查。运动员不得携带任何可能给对方运动员造成伤害的物品。运动员所着道服不符合中国跆拳道协会规定的不得参加比赛。

(三)运动员入场

检查完毕的运动员与一名教练员到等待席准备比赛。

(四)比赛的开始和结束

主执行员下达“开始”口令开始比赛。结束时用“还原”口令结束。即使主执行员没有发出还原口令，比赛仍将按照比赛规定结束的时间结束。

(五)比赛步骤

运动员根据执行员的“运动员入场”口令，从场地第二和第三警戒线沿着第三警戒线，走到第三警戒线中央后右转身行进到离场地中心点的第三警戒线方向1米处位置，做好比赛准备。

运动员根据主执行员的“立正”和“敬礼”口令，向前、后方的裁判员行礼。

运动员根据主执行员的“品势准备”口令，做好品势准备姿势后，根据“开始”口令，进行赛会抽签决赛的比赛内容。

运动员完成指定品势后，在最后一个动作停留，根据主执行员的“还原”口令，还原到准备姿势。

根据主执行员的“立正”和“敬礼”口令，向前、后方的裁判员行礼后，站在原地等待裁判员判分。(进行两套品势的比赛，如全国赛之决赛阶段可在打完第一套品势后，在主执行员发出“运动员退场”的口令后，运动员退场休息，无须等待打分。)

主执行员在收到裁判员判分结束信号后，发出“公布分数”口令，运动员的分数将会在比赛显示屏上显示。

在主执行员发出“运动员退场”的口令后，运动员按照进场时的路线退出赛场。

十二、主执行员

(一)资格

必须持有国技院颁发的段位证书及中国跆拳道协会颁发一级以上大众跆拳道裁判员资格证。

(二)任务

一场比赛有1名主执行员。

主执行员负责引导运动员入场及退场。

主执行员负责执行比赛中的所有口令及宣布运动员该场比赛得分。

负责其他为了使比赛顺利进行而进行的辅助性工作。

十三、判　分

判分参照世界跆拳道联盟品势规则中的有关规定执行，包括以下三项判分标准：

（一）准确度

准确度的判分点包括基本动作和各品势动作的准确度。

（二）熟练度

熟练度的判分点包括动作的幅度、平衡性及动作的速度和力量。

（三）表现力

表现力的判分点包括动作的刚柔、缓急、节奏和运动员表现出的气势。

详细判分标准见第十四条的评分方法和第十五条裁判员判分标准。

十四、评分方法

（一）总分为 10 分

（二）分数组成

1. 准确度

(1)基本分数为 5 分

(2)扣分点

①在完成品势的过程中，出现细小失误时每次扣 0.1 分。

②在完成品势的过程中，出现明显错误时每次扣 0.5 分。

2. 熟练度

(1)基本分数为 3 分

(2)扣分点

①动作幅度、平衡性、动作速度及力量在比赛中出现细小失误时每次扣 0.1 分。

②动作幅度、平衡性、动作速度及力量在比赛中出现明显错误时每次扣 0.5 分。

3. 表现力

(1)基本分数为 2 分

(2)扣分点

①比赛中动作的刚柔、缓急、节奏以及气势不能够明确地表现出来时每次失误扣 0.1 分。

②比赛中动作的刚柔、缓急、节奏以及气势不能够明确地表现出来并出现严重错误时每次扣 0.5 分。

（三）其他扣分事项

完成动作时超出比赛时间，在总分中扣除 0.5 分。

比赛中运动员越过警戒线时，在总分中扣除0.5分。

上述扣分事项，各裁判员根据该场场上主裁判员的口令进行扣罚。

(四)计分方法

品势比赛按照准确度、熟练度和表现力，结合其他扣分事项，合算其得分；

在7名裁判员的判分中，除去最高分数和最低分数后，取分数的平均值。

(五)容易产生扣分的主要注意事项

扣除0.1分的主要事项有碎步、重心平稳度(起伏、摆动)、转体动作的稳定性(平衡、起伏)、精细标准度、节奏的掌握、双手同时动作的技术动作，双手的摆放次序及位置、身体形态的正确性、气的体现。

扣除0.5分的主要事项(2009年世锦赛起用)。

1. 准确度

(1)少动作或错动作时。

(2)该发声不发，不该发声时发声。

(3)两脚均越出起点一脚半。

(4)非法跺脚，口鼻吐气、发声时。

(5)动作连接停顿三秒时。

(6)该跺脚不跺脚时。

2. 熟练度、表现力

(1)视线不向动作的行进方向时。

(2)呼吸不统一，重心下沉时。

(3)动作与动作之间的连接；动作过大、过小、扣肩、均衡和起伏等。

(4)刚柔、缓急、节奏等不符合该套品势的要求时。

(5)气的表现，气势、精神、态度、品位等。

十五、裁判员判分标准

(一)基本姿势

1. 准备姿势

(1)规定动作

手掌伸直，从丹日开始慢慢向上握拳到胸口，然后向下旋转到丹田；动作完成后，拳和拳的距离是一立拳距离，拳和道带的距离是一拳距离；腕关节伸直；双脚自一开始动作起成平行步，两脚掌全着地。

(2)扣分事项

握拳后向上做动作或从胸口开始时；动作进行或完成后肘关节向上翘起时；动作完成后拳和拳的距离不标准时；腕关节弯曲时；在开始动作至完成的动作过程中伴随着后脚跟的抬动。

2. 还原姿势

(1)规定动作

手掌伸直，从丹田开始慢慢向上握拳到胸口，然后向下旋转到丹田；动作完成后，拳和拳的距离是一立拳距离，拳和道带的距离是一拳距离；腕关节伸直；双脚自一开始动作起成平行步，两脚掌全着地；还原旋转时，利用前脚掌旋转。

(2)扣分事项

握拳后向上做动作或从胸口开始时；动作进行或完成后肘关节向上翘起时；动作完成后拳和拳的距离不标准时；腕关节弯曲时；在开始动作至完成动作的过程中伴随着后脚跟的抬动；还原旋转时利用脚后跟或整个脚掌旋转时。

(二)站势

1. 并步(立正姿势)

(1)规定动作

前脚尖向前方，双脚并拢；双腿膝关节伸直。

(2)扣分事项

前脚尖向左或向右时；双脚没有并拢时；膝关节弯曲时。

2. 并排步(平行步)

(1)规定动作

脚内侧平行，前脚尖向正前方：双脚内侧间隔宽度为一脚长；双腿膝关节伸直。

(2)扣分事项

前脚尖向左或向右时；双脚内侧过宽或过窄时；膝关节弯曲时。

3. 左、右站势(丁字步)

(1)规定动作

左脚或右脚向外侧旋转 90 度；双脚跟距离为一脚长；双腿膝关节伸直。

(2)扣分事项

双脚外侧不形成 90 度时；双脚内侧间隔过多或过少时；双腿膝关节弯曲时。

4. 走步(前行步)

(1)规定动作

自然走步停顿时的动作；双脚内侧间隔为一脚长；前脚尖向正前方，后脚尖向正前方形成30度角。

(2)扣分事项

前脚尖向左或向右时；双脚内侧过宽或过窄时；后脚尖角度大于30度角时。

5. 马步

(1)规定动作

脚内侧平行，前脚尖指向正前方：双脚内侧间隔为两脚长；双腿膝关节弯曲，低头向下看时形成一条直线。

(2)扣分事项

前脚尖向左或向右时；双腿内侧过宽或过窄时；动作完成后，身体的重心向前或向后倾斜时。

6. 弓步

(1)规定动作

双脚间隔为两脚至两脚半距离，两脚掌内侧间的平行间隔为一拳；前脚尖向正前方，后脚尖向下前方自然形成30度角；低头向下看时，前腿膝关节与前脚尖形成一条直线；身体重心的2/3放在前腿，后腿膝关节伸直。

(2)扣分事项

步法过宽或过窄，前后脚左右交叉时；后腿膝关节弯曲或脚后跟翘起时；身体重心过多向前或向后时。

7. 三七步

(1)规定动作

双脚内侧和膝关节形成90度角，两脚间隔为两脚；身体重心的70%在后腿，30%在前腿；动作完成后前腿的小腿与大腿的角度为100～110度。

(2)扣分事项

前后脚的角度或宽度过宽或过窄时；身体的重心向前或向后倾斜时；臀部向后翘起，前腿弯曲的角度过宽或过窄时；后腿膝关节向内或向外时。

8. 虎步

(1)规定动作

前脚后跟对着后脚尖；身体重心的90%～100%放在后脚。后脚尖向正前方形成30度角；前脚尖轻轻点地；动作完成后，后退的大腿与小腿的角度为100～110度。

(2)扣分事项

前后脚的角度或宽度，过宽或过窄时；身体的重心过于向前或向后倾斜时；后腿弯曲的角度过宽或过窄时；后脚尖角度过大时；臀部过于向后翘起时。

9. 前、后交叉步

(1)规定动作

双脚间隔距离为一拳；交叉时，利用支撑腿的前脚掌旋转交叉；身体重心的 90%～100%放在交叉腿上；动作完成后双腿的膝关节分开一拳宽度；后脚的脚后跟向上翘起，放在前脚外侧的中心点后；重心脚向交叉方向自然成 30 度角，支撑脚与重心脚间成 90 度。

(2)扣分事项

双脚的距离过宽或过窄时；交叉时支撑脚不旋转或脚后跟向下时；动作完成后双腿膝关节并拢时。

10. 独立步

(1)规定动作

支撑脚的前脚尖和膝关节向正前方：支撑腿弯曲，大腿和小腿的角度为 100～110 度；提膝的膝关节向正前方，脚内侧紧贴支撑腿的膝关节。

(2)扣分事项

支撑腿膝关节或前脚尖向外或向内时；大腿和小腿的角度过宽或过窄时；提膝的脚内侧不紧贴支撑腿膝关节内侧时；提膝的膝关节向外或向内时。

11. 鹤立步

(1)规定动作

支撑脚的前脚尖和膝关节向正前方：支撑腿弯曲，大腿和小腿的角度为 100～110 度；提膝的膝关节向正前方，脚勾于支撑腿的膝弯处；

(2)扣分事项

支撑腿膝关节或前脚尖向外或向内时；大腿和小腿的角度过宽或过窄时；提膝的膝关节向外或向内时。

(三)格挡

1. 下格挡

(1)起始动作

辅助手自然伸直至胸腹间位置，拳心向下；格挡手放在辅助手一侧的肩部，拳心向脸部。手臂放松弯曲轻贴于胸部；双臂的腕关节伸直。

(2)规定动作

动作完成后，格挡的手臂与大腿相距两个立拳或一立掌距离；格挡手臂在大腿的正前方，拳心向大腿，腕关节伸直；辅助手臂随动作过程放松收回，再抱拳于腰；肩与正前方自然形成 30 度角；格挡动作与步法同时结束。

(3)扣分事项

格挡手臂的起点没有从肩部开始或拳心向下时；格挡时辅助手臂没有伸直或手臂过高时；动作完成后，格挡的手臂在大腿的左侧或右侧。

2. 中内格挡

(1)起始动作

拳握紧于体侧，拳心向外，肘关节放松下垂；辅助手臂自然伸直到胸部高度；高度的规定是不超过耳根。

(2)规定动作

格挡的拳到人体的中心线；格挡动作完成后，拳与肩部同高；格挡动作完成后，手臂抬升的角度为90～120度；辅助手臂自然回收抱拳于腰。

(3)扣分事项

格挡的拳没有到人体的中心线或超过时；格挡的高度比肩高或低时；格挡手臂的腕部没有伸直时。

3. 中外格挡(外腕)

(1)起始动作

辅助手臂自然弯曲，拳心向下放于胸前；格挡手拳心向上，放于髋关节处。

(2)规定动作

格挡手臂从髋关节开始，然后经过肩部时拳心向内；动作完成后，格挡手臂的拳心向外；格挡手臂的外侧线不能超出肩部的外侧；格挡手臂的角度是90～120度；辅助手臂自然收回抱拳于腰。

(3)扣分事项

格挡的手臂于肩部外侧偏内或偏外时；格挡的高度不准确时。

4. 中外格挡(内腕)

(1)起始动作

辅助手臂自然弯曲，拳心向下放于胸前；格挡手拳心向下，放于髋关节处。

(2)规定动作

格挡手臂从髋关节开始，然后经过肩部时拳心向外；动作完成后，格挡手臂的拳心向内；格挡手臂的外侧线不能超出肩部的外侧；格挡手臂的角度是90～120度；辅助手臂自然收回抱拳于腰。

(3)扣分事项

格挡的手臂于肩部外侧偏内或偏外时；格挡的高度不准确时。

2. 上格挡

(1)起始动作

右上格挡时，右臂入在左髋关节外，拳心向上；辅助手臂弯曲放在右肩部拳心向外。

(2)规定动作

格挡手臂的腕部到人体中心线；格挡手臂与前额相隔一拳距离；格挡手臂与前额高度相隔一拳距离；肘关节轻微弯曲，腕关节伸直。

(3)扣分事项

格挡手臂起点动作从丹田或以上位置开始时；格挡完成后，格挡的手臂形成45度角。

6. 双手刀中位格挡

(1)起始动作

左侧手刀格挡时，左手放在中髋关节处，掌心向上；辅助的手臂展开120度，手尖与肩部同高，掌心向外，腕部伸直。

(2)规定动作

动作完成后，格挡手的掌心向外，腕部伸直；格挡手臂的角度是90～120度；格挡的手尖与肩部同高；格挡的手刀经过右肩部；辅助手臂的掌心向上与胸口同高，掌心与胸口间隔是一立掌距离。

(3)扣分事项

手刀直接从髋关节格挡时；手刀起始动作比肩部高或低时；手刀的手尖比肩部高或低时；双臂肘关节向外翘起时。

7. 单手刀中位格挡

(1)起始动作

左侧手刀格挡时，左手放在中髋关节处，掌心向上；辅助的手臂弯曲，握拳放在左肩部，拳心向外。

(2)规定动作

动作完成后，格挡手的掌心向外，腕部伸直；格挡的手尖与肩部同高，手臂的角度是90～120度；辅助手自然收回抱拳于腰。

(3)扣分事项

格挡的手臂肘关节向外翘起时；格挡的手臂腕关节弯曲时；格挡的手刀比肩部高或低时。

8. 山型格挡

(1)起始动作

左臂从右髋关节处开始，拳心向下；右拳心向外与耳部同高，肘关节放松下垂。

(2)规定动作

格挡时，交叉格挡要经过面部；动作完成后，双臂与身体的角度约为90度，腕部与耳部同高。

(3)扣分事项

格挡的高度与角度不准确时；格挡时不经过面部而直接格挡时。

9. 分势山型格挡

(1)起始动作

双拳心向下，双脚开始交叉；双拳经过面部时交叉格挡。

(2)规定动作

格挡时，交叉格挡要经过面部；动作完成后，双臂与身体的角度约为90度，腕部与耳部同高。

(3)扣分事项

格挡的高度与角度不准确时；格挡时不经过面部而直接格挡。

10. 拳或手刀双手格挡

(1)起始动作

双掌或拳向放在胸腹部高度；原则上，那个腿有动作，那边的手臂放在外面；如果是连续交叉格挡的动作，第二动作则与第一动作手臂位置的摆放相反。

(2)规定动作

双臂交叉为上臂相交；格挡完成后，其标准按各种单个的技术标准评定。

(3)扣分事项

相交的手臂放置错误时；格挡完成后，其技术标准错误时。

11. 双手下格挡

(1)起始动作

从髋关节开始；原则上，那个腿有动作，那边的手臂放在外面；双臂肘关节放松弯曲。

(2)规定动作

动作完成后，双臂小臂形成“X”形状，双拳心向左右；大腿与手臂交叉点距离为两立拳或一立掌距离；肘关节轻微弯曲，腕关节伸直。

(3)扣分事项

格挡手臂起点动作从丹田开始或高于髋关节时；动作完成后向左或向右，过宽或过窄时；双臂交叉点不是小臂时。

12. 外山型格挡

(1)起始动作

一臂做下格挡开始动作，另一臂做内腕外格挡开始动作；双臂自然轻贴身体。

(2)规定动作

双臂同时快速交叉完成动作；动作完成后，内腕外格挡手与身体的角度为90度，腕部与耳部同高。

(3)扣分事项

格挡的手臂高度不准确时；格挡时慢慢进行时；双臂动作不同步时。

13. 金刚格挡

(1)起始动作

一臂以下格挡的起始动作放于肩部，另一臂以上格挡的起始动作放于髋部；双臂自然放松贴于身体。

(2)规定动作

格挡时全身体用力；双臂同时完成格挡动作；缓慢格挡技术时，节奏是6～8秒。

(3)扣分事项

双臂没有同时同步完成动作；动作过于缓慢时；各格挡手不符合技术动作标准时。

14. 单手掌中位内格挡(抵掌)

(1)起始动作

格挡手臂展开120度，手尖与耳部同高，掌心向外，腕部伸直；辅助手自然伸直握拳。

(2)规定动作

腕部伸直，拍击于胸口的人体正中线。

(3)扣分事项

格挡的手掌腕部弯曲时，手臂肘关节翘起时；不是弧线拍击而是直线推击或向下压时；格挡手掌掌心向下时。

(四)击

1. 正拳击

(1)规定动作

以攻击方法分类：直拳攻击，反拳攻击，立拳攻击；以攻击目标分类：上(人中部位)、中(胸口剑突)、下(下腹部)段攻击；以方向分类：侧拳、锤拳、旋转拳、勾拳。

(2)扣分事项

腕关节弯曲；利用反作用力出拳，动作幅度过大或过少。

2. 直拳侧击

(1)规定动作

攻击的部位是胸口；攻击的路线是从髋关节到心胸旋转攻击；动作完成后侧击的高度与胸口同高。

(2)扣分事项

击打时肘关节翘起；动作完成后拳的高度、路线不准确时；动作完成攻击的部位、高度不准确时；上身向攻击方向倾斜时。

3. 双仰正拳击

(1)规定动作

双拳从双髋关节处开始，拳心向下；动作路线是斜上旋转击。

(2)扣分事项

起点时拳心向上；向下或水平击打时。

4. 贯指刺击

(1)规定动作

刺的部位是胸口；腕部伸直，手掌立起，五指并拢；身体中正，辅助的手背放在进攻手臂的肘关节处，掌心向下；攻击手与辅助手同时同步完成动作。

(2)扣分事项

动作完成后高度不准确时；身体重心向前倾斜时；腕部或手掌向下或向上时；双手不是同时同步完成动作时。

(五)打

1. 背拳前击

(1)规定动作

从髋关节开始，拳心向下；经过下颌，高度是人中，腕部要伸直；攻击手贴于身体。

(2)扣分事项

从胸口开始时；高度不准确时；攻击手不是贴近身体时。

2. 背拳侧击

(1)规定动作

从肩部开始，拳心向内；攻击路线是直线攻击。

(2)扣分事项

从胸口开始时；肘关节向上翘起时。

3. 下锤拳

(1)规定动作

从髋关节开始，拳心向下；攻击的拳经过前额；动作完成后拳心向左或向右；

(2)扣分事项

从胸口开始时；高度不准确时；锤拳从侧面攻打时。

4. 双肘侧击

(1)规定动作

双拳拳心向下，手臂左右交叉，动作向那个方向移动，那边的手臂在外；手臂与胸口同高；动作完成后，肘关节与胸口同高；拳和拳间隔三拳距离。

(2)扣分事项

手臂在胸口交叉时；动作完成后，肘关节比胸口高或低时；拳和拳间相隔过宽或过窄。

5. 旋肘前击

(1)规定动作

攻击手臂的拳从髋关节开始，拳心向下；辅助手臂放松伸直；攻击路线是向斜上 45 度角；动作完成后，辅助手掌心顶于攻击肘拳面，手指伸直或收回抱拳。

(2)扣分事项

起点时从胸口开始；攻击的肘过左或过右时。

6. 横肘拍击

(1)规定动作

攻击手臂的拳从髋关节开始；辅助手臂轻握拳放松伸直；攻击路线为横向击打，攻击肘至目标时，辅助手同时张开拍击于掌心；动作完成后，肘尖拍击于辅助手掌心，手指伸直。

(2)扣分事项

起点时从胸口开始；辅助手的拳过早张开；拍击后手指没有伸直。

(六)踢

1. 前踢

(1)规定动作

在标准的准备动作下，后腿的小腿放松夹紧，膝关节向正前方提起至胸腹间；绷直脚背，勾起脚趾，直线以前脚掌踢击；前踢时，双拳抬起放在胸口，身体中正，支撑腿伸直；前踢腿法完成后迅速收小腿，保持膝关节高度后再迅速收腿；前踢的标准高度是头部。

(2)扣分事项

踢腿像抬腿时；踢腿时脚尖没有勾起时；踢腿后不收回小腿而是直接落地时。

2. 横踢(旋踢)

(1)规定动作

在标准的准备动作下，后腿的小腿放松夹紧，膝关节向正前方提起至胸腹间；踢腿时小腿向正前方成45度角；踢腿时，双拳抬起放在胸口，身体中正，支撑腿伸直；踢腿的高度为头部，视线从攻击腿侧肩部向上望，勾起脚趾以前脚掌踢击；前踢腿法完成后迅速收小腿，保持膝关节高度后再迅速收腿。

(2)扣分事项

踢腿像抬腿时；踢腿时脚尖没有勾起时；踢腿后不收回小腿而是直接落地时。

3. 侧踢

(1)规定动作

在标准的准备动作下，后腿的小腿放松夹紧，提膝到胸腹高度，脚跟对准目标；身体中正，支撑腿伸直；踢腿时脚后跟、髋关节、肩部和头部在同一平面上，脚趾斜指地面；踢腿时双拳放在胸口，侧踢的高度是头部；侧踢腿法完成后迅速收腿，回到原位。

(2)扣分事项

踢腿像推踢时；踢腿时踝关节伸直或仅轻微弯曲时；重心不稳定时；踢腿后不收回，大腿直接向下落地时。

十六、比分显示

运动员得分在裁判员统计结束后立即公布。

使用电子计分器时：

第一，裁判员将在品势结束后把分数输入电子计分器，电子计分器将自动显示比分。

第二，电子计分器将自动去掉最高分和最低分，在显示屏上显示运动员的综合得分。

手动计分时：

第一，品势结束后，执行人员收取裁判计分表，交到记录员处。

第二，记录员将去掉最高分和最低分，统计平均分后，告知主裁并宣告运动员得分。

十七、胜负判定

总分高的运动员为优胜者。

比分相同时，表现力得分高者获胜。表现力也相同时，主裁将指定一个品势重新比赛。

重新进行比赛时，将选择指定品势中的一个进行比赛，不受前一个得分影响。

重新进行比赛后，又出现平分，表现力得分高者获胜，如表现力得分再次相同，将加上去掉的最高分和最低分重新进行评分。

比赛结果的判定：

第一，判定胜。

第二，裁判职权胜。

第三，弃权胜。

第四，失格胜。

第五，扣分胜。

注 1：裁判职权胜：主裁判根据医生的意见，认为一方不能继续进行比赛时，或比赛中断 1 分钟后，一方运动员还不能继续比赛时，或一方运动员不听从主裁判指示时，主裁判可宣布一方获胜。

注 2：弃权胜：一方运动员弃权。

A. 参赛运动员因伤或其他原因自动放弃比赛。

B. 教练员认为自己的运动员不能继续比赛。

注 3：失格胜：参加比赛的选手不符合参赛资格。

十八、比赛中断情况的处理

比赛出现中断的情况时，主裁判将要求记录员停表，记录时间并确认中断的具体情况。

因运动员个人的问题，比赛被中断 2 分钟以上时，按弃权论；不因运动员个人问题而中断比赛时，在尽快解决问题后，重新让运动员进行比赛。

其他问题将通过相关裁判员、品势委员长和竞赛督查委员会予以解决。

十九、裁判员

资格：在中国跆协注册的持有裁判员资格证者，裁判分为国家级（S、A、B 三级）、一级、二级。裁判等级的评定办法由中国跆协另行规定。

职责：

主裁判员对运动员的品势表演进行判分；宣布比赛胜负和扣分事项；需要参考裁判员意见时，主裁判将中断比赛，召集裁判商议。

裁判员对运动员的品势表演进行判分；回答主裁判员提出的问题。

服装：由中国跆拳道协会统一制作；裁判员不得携带可能会影响比赛的私人物品。

注：分配裁判有误，或进行不公正的比赛，或连续出现不应有的失误，竞赛督查委员会将在现场通过技术代表更换裁判员。

二十、裁判员组成及分配

裁判员组成：

7 裁制：1 名主裁判，6 名裁判员。

5 裁制：1 名主裁判，4 名裁判员。

裁判员分配：

裁判员的分配将在抽签后进行。

实行回避制度。

二十一、申诉及处罚

审理申诉程序：

第一，对判定有异议时，应在结束比赛之后 10 分钟之内向仲裁委员会提交申诉书和申诉费。

第二，仲裁委员会的审理结果由仲裁委员投票决定。

第三，仲裁委员会根据需要召回相关比赛的裁判员询问比赛情况。

第四，仲裁委员会的决议为比赛的最终结果。

教练员及运动员如有下列行为，仲裁委员会将依据有关规定对其进行处罚。

第一，妨碍比赛或为该目的煽动群众者；

第二，妨碍中国跆协和竞赛组委会的正常工作；

第三，为了影响判定散布谣言者。

仲裁委员会判断申诉内容为正当时，经过审理程序之后进行处罚，并公布于众。之后，向组委会通报处罚结果。

仲裁委员会认为有必要时可以召回当事者，对其进行询问。

二十二、品势比赛用语及顺序

第一，运动员入场。

第二，立正。

第三，敬礼。

第四，品势准备。

第五，开始。

第六，还原。

第七，立正。

第八，敬礼。

第九，公布分数。

第十，运动员退场。

思考与练习

1. 跆拳道竞赛规程的制定是什么？

2. 编排跆拳道次序册应注意的问题是什么？

3. 试述主裁判和副裁判的职责。

4. 主裁判在临场判罚时的基本原则有哪些？副裁判的计分原则是什么？

5. 竞赛跆拳道如何判定名次？

6. 如何区别扣分与警告？

7. 试述比赛中断情况的处理。

8. 跆拳道品势比赛中弓步动作的规格要求是什么？扣分事项有哪些？

9. 简述跆拳道品势比赛用语及顺序。

参考文献

1. 高谊、陈立人：《跆拳道》，北京，北京体育大学出版社，1998。

2. 刘卫军：《跆拳道》，北京，北京体育大学出版社，2012。

3. 杨世勇、刘青等：《跆拳道》，成都，四川科学技术出版社，2002。

4. 袁同春：《跆拳道》，合肥，合肥工业大学出版社，2005。

5. 中国跆拳道协会：《中国大众跆拳道教程：基本技术与品势篇》，北京，人民体育出版社，2009。

6. 李德祥：《跆拳道裁判必读》，北京，北京体育大学出版社，2002。

7. [韩]李京明、李天植：《跆拳道对打技术》，北京，人民体育出版社，2003。

8. 张峰：《跆拳道入门》，长春，吉林科学技术出版社，2009。

9. 胡世君、王智慧：《跆拳道》，北京，北京体育大学出版社，2009。

10. 李德祥、沈达政：《跆拳道实战绝技》，北京，北京体育大学出版社，2000。

11. 曾于久：《竞技跆拳道训练》，北京，人民体育出版社，2014。

12. 饶英：《跆拳道理论与实践研究》，北京，人民日报出版社，2017。

13. 世界跆拳道联合会竞技跆拳道竞赛规则及解释中文版(2018 年 4 月 5 日修订)。